GRAND HYATT TOKYO
とっておきの朝食レシピ

洗練された味わいが心をうるおす

「グランド ハイアット 東京」の朝食が提供されるフレンチ キッチンは、
スタイリッシュな空間に配された大きなオープンキッチンが印象的。
シェフたちが忙しく立ち働く活気ある雰囲気に
爽やかな気持ちのよさを感じます。

ひと目で魅せられるブッフェ台にはさまざまな料理が色鮮やかに並び
エッグベネディクトをはじめとする卵料理、誰もが虜になるフレンチトースト、
サイドディッシュや新鮮な野菜、コンフィチュールなど、
選び抜いた食材にたしかな技で磨きをかけた
やさしく洗練されたおいしさがあふれています。

そのひとつひとつを、緑と光に包まれるテラスで、落ち着きある店内で、
じっくりとかみしめる幸せ。
素晴らしい一日のスタートにふさわしい瞬間です。

そんなとっておきの朝食を
あなたのご自宅でも楽しんでみませんか？

MENU

ŒUF 卵

ŒUF BÉNÉDICTINE
エッグベネディクト　10

ŒUFS BROUILLÉS AUX ASPERGES
グリーンアスパラガスのスクランブルエッグ　12

OMELETTE RICOTTA & ROQUETTE
リコッタチーズとルッコラのオムレツ　14

ŒUF AU PLAT & POMMES DARPHIN
目玉焼きとポテトのダルファン　16

GALETTE AU CRESSON, LARDONS & ŒUF POCHÉ
クレソン & ベーコン & ポーチドエッグのガレット　18

QUICHE LORRAINE
キッシュ ロレーヌ　20

QUICHE PDT, ÉPINARDS & BACON
ポテト & ほうれん草 & ベーコンのキッシュ　22

PAIN パン

PAIN PERDU À LA CANNELLE
フレンチトースト シナモン風味　24

PANCAKE AUX MYRTILLES & BANANE
ブルーベリーとバナナのパンケーキ　26

CROISSANT AUX FRUITS ROUGES
ベリーとカスタードクリームのクロワッサン　28

BRIOCHE AU CHOCOLAT & FRAISES
チョコレートといちごのブリオッシュ　30

PAIN PUDDING AUX PRUNEAUX
プルーン パンプディング　32

CROQUE MONSIEUR
クロックムッシュ　34

CAKE AUX OLIVES & TOMATES
オリーブとドライトマトのパウンドケーキ　36

SANDWICH DE LÉGUMES GRILLÉS
グリル野菜のサンドイッチ　38

TARTINE TOMATE & MOZZARELLA
トマトとモッツァレラのタルティーヌ　40

MENU

CONDIMENT ディップ

MARMELADE PAMPLEMOUSSE & VANILLE
グレープフルーツとバニラのマーマレード 43

CONFITURE FRAISE & MENTHE
いちごとミントのジャム 43

PÂTE À TARTINER AU CHOCOLAT & NOISETTES
チョコレートとヘーゼルナッツのペースト 43

CAVIAR D'AUBERGINES & OLIVES NOIRES
なすとブラックオリーブのディップ 44

BEURRE AUX ALGUES
海藻のバター 44

PESTO DE PETITS POIS & RICOTTA
グリーンピースとリコッタチーズのペースト 44

SALADE サラダ

SALADE NIÇOISE
ニース風サラダ 46

SAUMON MARINÉ CONCOMBRE À LA CRÈME
サーモンのマリネ キュウリクリームソース 48

TOMATES FARCIES DE MACÉDOINE
ころころ野菜のトマトファルシ 50

TABOULÉ AUX HERBES & POULET
ハーブとチキンのタブレ 52

SALADE CREVETTES & AVOCAT
シュリンプとアボカドのサラダ 54

SALADE FIGUES & JAMBON
いちじくと生ハムのサラダ 56

SALADE ENDIVES & NOIX SAUCE AU BLEU
アンディーブとくるみのサラダ ブルーチーズソース 58

MENU

SAUCE VINAIGRETTE ドレッシング

PISTOU DE ROQUETTE
ルッコラのペースト　61

VINAIGRETTE ÉCHALOTES
エシャロットドレッシング　61

VINAIGRETTE AUX NOIX
ナッツドレッシング　61

SAUCE YAOURT
ヨーグルトドレッシング　62

SAUCE COCKTAIL
カクテルドレッシング　62

VINAIGRETTE BLANCHE
フレンチドレッシング　62

ACCOMPAGNEMENT サイドディッシュ

TOMATES AU FOUR
ベイクドトマト　64

POMMES DE TERRE RÔTIES & POIVRONS
ポテトとパプリカのロースト　66

FISH & CHIPS
フィッシュ＆チップス　68

CRABE CAKE, SAUCE TARTARE
クラブケーキ　タルタルソース　70

CROQUETTES DE BRANDADE
ブランダードクロケット　72

ÉPINARDS SAUTÉS AUX OLIVES & NOISETTES
ほうれん草のソテー　オリーブとヘーゼルナッツ　74

SOUPE スープ

MINESTRONE
ミネストローネ　76

CONSOMMÉ DE BŒUF AUX LÉGUMES
野菜のビーフコンソメ　78

VELOUTÉ DE CAROTTES AU CUMIN
にんじんのポタージュ　クミンの香り　80

GASPACHO AUX TOMATES
トマトのガスパチョ　82

GASPACHO DE CONCOMBRE & YAOURT
キュウリとヨーグルトのガスパチョ　84

MENU

DESSERT デザート

MUESLI
ミューズリー 86

MUFFIN MATCHA & CHOCOLAT BLANC
抹茶とホワイトチョコレートのマフィン 88

CAKE AU CHOCOLAT
チョコレートケーキ 90

CAKE CITRON & EARL GREY
レモンとアールグレイのケーキ 92

MADELEINE AU CARAMEL
キャラメルのマドレーヌ 94

CRUMBLE AUX PÊCHES & AMANDES
ピーチとアーモンドのクランブル 96

FLAN AUX ABRICOTS
アプリコットのフラン 98

FIGUES RÔTIES AU MIEL & MENTHE
いちじくのロースト ハニーとミント 100

BOISSON ドリンク

SMOOTHIE BANANE & AMANDE
バナナとアーモンドのスムージー 102

SMOOTHIE FRUITS ROUGES
ベリースムージー 102

SMOOTHIE MELON & PASTÈQUE
メロンとスイカのスムージー 104

SMOOTHIE ORANGE & GINGEMBRE
オレンジとジンジャーのスムージー 104

CHOCOLAT CHAUD MAISON
ホームメイドホットチョコレート 106

JUS DE POMMES CHAUD & CANNELLE
ホットアップルシナモンジュース 106

○本書について

・ GHT マークは、「グランド ハイアット 東京」公式レシピ（2013年10月現在）です。
  その他は、ダヴィッド・ブラン監修による、オリジナル アレンジ レシピです。

・大さじは 15cc、小さじは 5cc です。

・バターはすべて無塩のものを使用しています。

・材料の分量は目安ですので、味を見ながらお好みで調節してください。

・オーブンレンジやオーブントースターの機種により、仕上がりの状態が異なる場合がありますので、
  様子を見ながら加減してください。

ŒUF

卵

ŒUF

GHT
ŒUF BÉNÉDICTINE
エッグベネディクト

とろりとあふれた黄身がソースと溶け合う。朝食に人気の卵料理。

材料 — 2人分

○ サバイヨンソース
- 澄ましバター ———— 60cc（バターは90g使用）

A
- 卵黄 ———— 2個分
- 白ワイン ———— 大さじ2
- 塩 ———— 小さじ1/3

- 白ワインビネガー ———— 小さじ1/2
- こしょう ———— 適量

- 卵 ———— 4個
- 白ワインビネガー（ポーチドエッグ用）— 大さじ2
- イングリッシュマフィン ———— 2個
- オリーブオイル ———— 大さじ1
- ほうれん草（葉の部分） ———— 1束分
- ハム（ジャンボンブラン スライス） ———— 2枚
- 塩 ———— 適量
- こしょう ———— 適量

作り方

1. 澄ましバターを作る：バター（必要な分量の1.5倍）を用意し、透明な耐熱容器に入れ、沸騰しない程度の湯せんにかける。中身が混ざらないようにそっと置いておき、バターが溶けて一番上に白い膜、中間に透明の層、下に白い液体の層と3層に分かれたら容器を湯せんから外し、一番上の膜をスプーンで取りのぞき、中間の透明の液体のみを使う。澄ましバターを作るのが難しい時は、サラダ油で代用しても。

2. サバイヨンソースを作る：ボウルに **A** を入れ、泡立て器で混ぜる。泡立つまで混ぜたら約70℃の湯せんにかけ、8の字に素早く混ぜる。ソースがリボン状に垂れるようになるまで混ぜたら湯せんから外し、**1** の澄ましバターを少しずつ加えながら混ぜ、白ワインビネガー、こしょうを加えて混ぜる。

3. ポーチドエッグを作る：卵は氷水で約10分冷やしておく。鍋で水1ℓ（分量外）を沸かして白ワインビネガーを入れる。湯をかき混ぜて流れを作り、小さな容器に割り入れておいた卵を1つずつ静かに落とす。回っている卵の白身をスプーンなどで黄身にまとわりつかせながら弱火で3〜4分ゆでたら、キッチンペーパーで水気をきり、余分な白身を取りのぞく。

4. イングリッシュマフィンは横半分に切り、オーブントースターなどでほんのり焼き色がつくまでトーストする。フライパンを中火で熱してオリーブオイルをひき、ほうれん草を入れて塩、こしょうをふり、しんなりするまでソテーする。ハムはマフィンのサイズに合わせて切る。

5. イングリッシュマフィンを皿に並べ、その上にほうれん草、ハム、ポーチドエッグをのせて、サバイヨンソースをかける。お好みでこしょうをふる。

ワンポイント：イングリッシュマフィンのかわりにトーストした食パンを使ってもよい。

ŒUFS BROUILLÉS AUX ASPERGES
グリーンアスパラガスのスクランブルエッグ

フレッシュアスパラガスの爽やかな味わい。
2種の歯ざわりが楽しいひと皿。

材料 — 2人分

グリーンアスパラガス	3本
オリーブオイル	大さじ1
卵	4個
バター	30g
チャービル（葉の部分）	4枝分
塩	適量
こしょう	適量

作り方

1. アスパラガスは皮をむき、根元から約5cm分を縦に千切りに、残りを厚さ約3mmの斜め切りにする。フライパンを中火で熱してオリーブオイルをひき、斜め切りにしたアスパラガスを入れ、塩をふってソテーする。歯ざわりが残る程度に軽く火が通ったら皿などに移しておく。

2. 常温に戻しておいた卵をボウルに割り入れ、塩、こしょうをふり、バターの半量を細かく刻んで加えて混ぜる。

3. フライパンを弱火で熱して残りのバターを入れ、焦がさないように溶かしたら2の卵を注ぎ入れる。ゴムベラなどで全体を素早く混ぜながら約1分半加熱し、ソテーした斜め切りのアスパラガスを入れてさらに約1分、ゴムベラで素早く混ぜながら卵にとろみが出るまで加熱する。

4. 3を皿に盛り、千切りにしたアスパラガスをのせ、あらみじん切りにしたチャービルをふりかけ、お好みでこしょうをふる。

ワンポイント：途中で卵に火が通りすぎて固くなった場合は、生クリームを加えるとやわらかくなる。

OMELETTE RICOTTA & ROQUETTE
リコッタチーズとルッコラのオムレツ

ほろ苦いルッコラとハーブの香りを
卵とチーズがやさしく包み込む。

材料 — 2人分

卵	4個
┌ チャービル（葉の部分）	2枝分
A │ タラゴン（葉の部分）	2枝分
│ パセリ（葉の部分）	2枝分
└ チャイブ	1/4束
バター	10g
リコッタチーズ	40g
ルッコラ	20枚
塩	適量
こしょう	適量

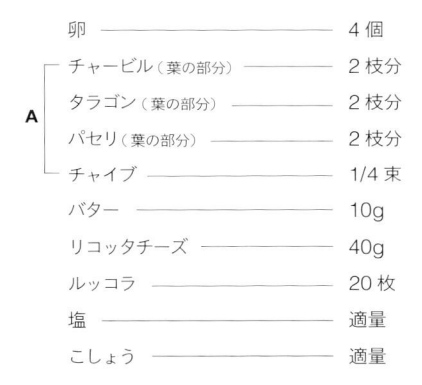

作り方

◎材料を半分に分けて小さめのフライパンで1人分ずつ作る。

1. 常温に戻しておいた卵をボウルに割り入れる。みじん切りにしたAを加え、塩、こしょうをふって箸で混ぜる。

2. フライパンを中火で熱してバターを入れ、泡が出てきたら1の卵を注ぎ入れる。箸でよく混ぜながら約30秒加熱し、半分ほど固まってきたら火から外して素早くリコッタチーズとルッコラをのせる。

3. 2を再び火にかけ、箸を使いながら手前の約1/3を折り返し、ルッコラを箸で押し込むようにして内側におさめ、奥側の卵を手前に折り返す。木の葉型が出来上がったら、全体をひっくり返して約10秒加熱し、皿に移す。

ŒUF AU PLAT & POMMES DARPHIN
目玉焼きとポテトのダルファン

カリカリ香ばしいポテトに卵を絡めて。
抜群の相性が生み出す至福の味わい。

材料 — 2人分

じゃがいも	200g（中2個）
玉ねぎ	1/4個
ローズマリー（葉の部分）	1枝分
バター	30g
卵	2個
イタリアンパセリ（葉の部分）	2枝分
塩	適量
こしょう	適量

作り方

◎ 材料を半分に分けて小さめのフライパンで1人分ずつ作る。

1. じゃがいもは千切り、玉ねぎは繊維と直角に薄切りにして、キッチンペーパーで水気をきる。ボウルにじゃがいも、玉ねぎ、あらみじん切りにしたローズマリーを入れ、塩、こしょうをふって混ぜる。

2. フライパンを中火で熱してバター（5g）を入れ、泡が出てきたら1を敷き詰めスプーンなどで押し固める。

3. 2にふたをして弱火で5～6分焼き、下の面がカリッと焼けたらひっくり返す。鍋肌からバター（5g）を入れ、再びふたをして弱火で4～5分焼く。下の面がカリッと焼けたら皿に移す。

4. フライパンを弱火で熱してバター（5g）を入れる。バターが溶けたら卵を割り入れ、軽く塩をふってふたをし、2～3分焼く。白身が固まったら3の上にのせる。あらみじん切りにしたイタリアンパセリをちらし、こしょうをふる。

ワンポイント：じゃがいもはデンプン質がつなぎになるので、皮をむいたあとは洗わずに調理する。

GALETTE AU CRESSON, LARDONS & ŒUF POCHÉ

クレソン & ベーコン & ポーチドエッグのガレット

香ばしいバターとともに、口の中にふわりと広がるそば粉の風味。

材料 — 2人分

○生地（作りやすい量 約6枚分）

A
- そば粉 ———————— 125g
- 小麦粉 ———————— 50g
- 塩 —————————— 8g

- 牛乳 —————————— 500cc
- バター ————————— 125g

○具材
- 白ワインビネガー（ポーチドエッグ用）— 大さじ2
- 卵 ———————————— 2個
- ベーコン（ブロック）———— 50g
- クレソン ————————— 2束
- バター —————————— 10g
- バルサミコ酢 ——————— 小さじ1
- 塩 ———————————— 適量
- 黒こしょう ———————— 適量

作り方

1. 生地を作る（1〜2）：ボウルにAを入れて泡立て器で混ぜる。牛乳を2〜3回に分けて加えながら混ぜる。

2. 小鍋にバターを入れ、中火にかける。鍋をたまにゆすりながら、バターが溶けてうっすら茶色になるまで加熱する。ナッツのような香りがしてきたら火からおろし、あら熱をとったら1に入れ、全体がなじむまで混ぜる。目の細かい網でこし、ラップをして冷蔵庫で約1時間寝かせる。

3. ポーチドエッグを作る（P11参照）。

4. 大きめの平らなフライパンを中火にかけ、キッチンペーパーにバター（分量外）をつけて、フライパンに塗る。フライパンの大きさにあわせてお玉で2を注ぎ入れ、薄く広げる。下面に焼き色がつき、上面が乾いてきたらひっくり返して約15秒焼き、皿に広げておく。

5. ベーコンは約1cm角の棒状に切り、クレソンは根の部分を取りのぞく。フライパンを強火にかけ、ベーコンを入れてソテーする。表面に焼き色がついたら黒こしょうをふり、バターを加える。バターが溶けたらクレソンを加えてさっと絡める。バルサミコ酢を加えて全体になじませたらガレットの中央にのせる。

6. 5にポーチドエッグをのせ、塩、黒こしょうをふり、ガレットの端を内側に折りたたむ。

ワンポイント：余ったガレットはチーズやハムをのせて筒状に巻き、フライパンで温めて食べてもよい。冷凍保存も可能。

ŒUF

GHT

QUICHE LORRAINE

キッシュ ロレーヌ

ハムとチーズの食べ応えが魅力。シンプルながら味わい深いこだわりの一品。

材料 ー タルト型　直径18cm 1台分

○ タルト生地
- 小麦粉 ──── 200g
- コーンスターチ ─ 50g
- 塩 ──── 小さじ1/2
- 砂糖 ──── 小さじ1/2
- バター ──── 17g
- 卵 ──── 1個
- 白ワイン ──── 40cc

○ アパレイユ
- 卵 ──── 2個
- 牛乳 ──── 150cc
- 生クリーム ─ 150cc
- 塩 ──── 適量
- こしょう ── 適量

○ 具材
- ハム（ジャンボンブラン ブロック） ─ 100g
- チーズ（グリュイエール ブロック） ─ 100g

作り方

1. タルト生地を作る（1〜4）：大きなボウル、もしくは台の上で、小麦粉とコーンスターチを合わせてふるいにかけ、塩、砂糖を加える。室温に戻したバターを加え、手ですり込むようにして全体がさらさらになるまで混ぜる。中央に穴を開けてドーナツ状にする。

2. 別のボウルに卵と白ワインを入れ、泡立て器でよく混ぜてから 1 の中央の穴に注ぎ入れる。手で中央の液体に周りの粉を少しずつ加えながら、だまにならないように混ぜていく。全体を混ぜ、しっとりとひとまとまりになるまでこねたら、形を丸くととのえてラップで包み、冷蔵庫で約 2 時間寝かせる。

3. 台の上に打ち粉（分量外）をして 2 の生地を置く。めん棒でタルト型よりひとまわり大きめに、厚さ約 5mm の円形にのばす。型に生地を敷き込む。生地を指で押さえながら、型にしっかりとはめ込む。型の上でめん棒を転がし、余分な生地を切り落とす。

4. 生地の底面と側面にフォークで均等に穴を開け、アルミホイルを敷いて重しの米などを上面まで敷き詰める。180℃のオーブンで約 20 分、生地の外面に軽く焼き色がつくまで焼いて重しを取りのぞく。

5. アパレイユを作る：ボウルに卵を入れ、泡立て器で混ぜる。牛乳と生クリームを加えて混ぜたら目の細かい網でこし、塩、こしょうをふって混ぜる。

6. ハムとチーズは約1.5cm角に切り、タルト生地に詰める。アパレイユを 8 分目まで注ぎ入れる。170℃のオーブンで約 20 分、表面に焼き色がつき中央が少し盛り上がるまで焼く。あら熱がとれたら型から外す。

ワンポイント：アパレイユを作る際に牛乳と生クリームを鍋に入れて火にかけ、沸騰する直前まで温めてから卵に加えると、よりコクのあるキッシュに仕上がる。

QUICHE PDT, ÉPINARDS & BACON

ポテト & ほうれん草 & ベーコンのキッシュ

相性抜群の具材が詰まった豊かなおいしさ。

材料 ― タルト型　直径18cm 1台分

○タルト生地　　○具材
P21 参照　　　　ベーコン（ブロック）――― 50g
　　　　　　　　じゃがいも ――――――― 50g
○アパレイユ　　オリーブオイル ――――― 大さじ1
P21 参照　　　　ほうれん草（葉の部分）―― 1束分
　　　　　　　　チーズ（グリュイエール シュレッド）― 30g
　　　　　　　　塩 ―――――――――――― 適量
　　　　　　　　こしょう ――――――――― 適量

作り方

1. タルト生地を作る（P21 参照）。

2. アパレイユを作る（P21 参照）。

3. ベーコンは約1cm角の棒状に切る。じゃがいもは約3mm角の棒状に切る。鍋に水（分量外）、塩、じゃがいもを入れて中火にかけ、約4分ゆでる。

4. フライパンを中火で熱してオリーブオイルをひき、ほうれん草を入れて塩、こしょうをふり、しんなりするまでソテーする。

5. 焼いたタルト生地にベーコン、じゃがいも、ほうれん草を入れ、アパレイユを8分目まで注ぎ入れてチーズをちらす。170℃のオーブンで約20分、表面に焼き色がつき中央が少し盛り上がるまで焼く。あら熱がとれたら型から外し、お好みでこしょうをふる。

ワンポイント：お好みでキノコやトマトなど、季節の野菜を使ってもよい。

PAIN
パン

PAIN

GHT
PAIN PERDU À LA CANNELLE
フレンチトースト シナモン風味

外側の"サクっ"にひと技。
ふんわりまろやかなおいしさが引き立つ。

材料 — **2**人分

食パン（4枚切り）	2枚
卵黄	3個分
グラニュー糖（ひたし液用）	100g
グラニュー糖（シナモンシュガー用）	大さじ2
生クリーム	100cc
牛乳	300cc
シナモンパウダー	小さじ1
バター	20g
メープルシロップ	適量

作り方

1. 食パンは耳を切り落とし、斜め半分に切る。ボウルに卵黄とグラニュー糖（ひたし液用）を入れ、泡立て器で混ぜる。グラニュー糖が溶けて白っぽくなったら、生クリームと牛乳を加えてよく混ぜる。

2. 1のひたし液に食パンを入れ、軽く押してしっかりひたしたら、ラップをして冷蔵庫でひと晩寝かせる。

3. グラニュー糖（シナモンシュガー用）とシナモンパウダーを混ぜてシナモンシュガーを作る。

4. フライパンを中火にかけ、バターの半量を入れる。バターが溶けたら食パンを入れる。1〜2分焼いて焼き色がついたらひっくり返し、残りのバターを入れる。1〜2分焼き、下面にも焼き色がついたら上面にシナモンシュガーをふりかける。

5. 再びひっくり返し、シナモンシュガーをふりかけた面を下にして弱火で1〜2分、食パンが少しふくらみ、押してもひたし液が出てこなくなるまで焼く。シナモンシュガーをかけた面を上にして皿に移す。お好みでメープルシロップを添える。

ワンポイント：食パンは2日くらい経って少し乾燥しているものを使うと、ひたし液をよく吸ってよりおいしく仕上がる。

PAIN

PANCAKE AUX MYRTILLES & BANANE

ブルーベリーとバナナのパンケーキ

ふっくらと食べ応えあるパンケーキが、フルーツの味と香りにマッチ。

材料 — 2人分

○ 生地
A ┌ 卵 ——————— 1個
  │ グラニュー糖 ——— 大さじ2
  └ 塩 ——————— 小さじ1/5
牛乳 ——————— 100cc
小麦粉 —————— 120g
ベーキングパウダー — 小さじ1
バター —————— 10g

○ 具材
バナナ —————— 1本
バター —————— 5g
ブルーベリー ——— 50g
生クリーム ———— 大さじ1
粉糖 ——————— 適量

作り方

1. ボウルに **A** を入れて泡立て器で混ぜる。グラニュー糖が溶けて白っぽくなったら、牛乳を加えて混ぜる。小麦粉とベーキングパウダーを一気に加えてゴムベラで混ぜ、さらにバターを溶かして加え、全体がなじむまで混ぜたら、ラップをして常温で約1時間寝かせる。

2. フライパンを中火にかけ、温まったらスプーンで **1** を約10cmの丸になるように流し入れる。2～3分焼き、下面に焼き色がついて上面にぷくぷくと泡が出たらひっくり返し、軽くおさえて2～3分、竹串を横から刺して生の生地がついてこなくなるまで焼き、皿に盛る。

3. バナナは縦半分に切り、さらに横5等分に切る。フライパンを中火にかけ、バターを入れて溶けたらバナナを入れ、約1分ソテーする。バナナに焼き色がついたらブルーベリーと生クリームを入れ、全体をなじませたら **2** の皿に盛りつけ、フライパンに残った生クリームをかける。お好みで粉糖をふる。

ワンポイント： フッ素加工のフライパンやホットプレートでパンケーキを焼く場合はバターを使わなくてよい。鉄製のフライパンを使用する場合は少量のバターを入れてから焼く。

PAIN

CROISSANT AUX FRUITS ROUGES
ベリーとカスタードクリームのクロワッサン

まろやかなベリーのソースと爽やかなミントで
いつものクロワッサンがさらにおいしく。

材料 — **2**人分

○カスタードクリーム		クロワッサン	2個
卵黄	4個分	いちご	2個
グラニュー糖	75g	バター	10g
小麦粉	25g	グラニュー糖	大さじ2
牛乳	250cc	ラズベリー	10粒
バニラビーンズ	1/2本	ブルーベリー	16粒
		ミント	10枚
		粉糖	適量

作り方

1. カスタードクリームを作る：ボウルに卵黄とグラニュー糖を入れ、泡立て器で混ぜる。グラニュー糖が溶けて白っぽくなるまで混ぜたら、ふるいにかけた小麦粉を加えて混ぜる。鍋に牛乳を入れ、バニラビーンズのさやを包丁で切って開き、種をこそぎ出してすべてを加えて中火にかけ、沸騰する直前に火からおろす。卵のボウルに少しずつ加えながら全体がなじむまで混ぜ、網でこしたら鍋に入れて中火にかけ、さらっとしてツヤが出るまで約5分泡立て器で混ぜ続ける。

2. クロワッサンは180℃のオーブンで約5分焼いて温める。横半分に切り、それぞれの内側に **1** のカスタードクリームを塗り、クロワッサンの下半分を皿にのせておく。

3. いちごはへたを取り、縦4等分に切る。フライパンを強火にかけ、バターを入れる。バターが溶けてうっすら茶色に色づき、ナッツのような香りがしてきたらグラニュー糖を入れて中火にし、いちごとラズベリーを入れる。約1分ソテーして少しやわらかくなったらブルーベリーとあらみじん切りにしたミントを入れ、全体をなじませる。

4. 2 のクロワッサンの下半分に **3** を盛りつけて、クロワッサンの上半分をのせる。お好みで粉糖をふる。

BRIOCHE AU CHOCOLAT & FRAISES

チョコレートといちごのブリオッシュ

さまざまな味と食感がリズミカルに調和する
とびきりのブリオッシュ。

材料 — 2人分

ブリオッシュ（直径5〜6cm、高さ2cmにカットしたもの）	4個
チョコレート（カカオ44％ 約5mm角、長さ5〜6cmにカットしたもの）	8本
いちご	5個
ピスタチオ	大さじ1
バター	35g
カソナード（ブラウンシュガー）	大さじ2
レモン汁	小さじ2
サワークリーム	小さじ2
レモンの皮	適量

作り方

1. ブリオッシュはバランスよく2箇所にチョコレートを差し込む。いちごはへたを取り縦半分に切る。ピスタチオはあらく砕く。

2. フライパンを強火にかけ、バター（30g）を入れる。バターが溶けてうっすら茶色に色づき、ナッツのような香りがしてきたらブリオッシュを入れて弱火にする。ブリオッシュがバターを吸ったら、上面にカソナードの半量をふりかけてひっくり返す。約1分焼きながら上面に残りのカソナードをふりかけ、ひっくり返してバター（5g）を入れ、表面がカリカリになるように焼き、皿に移す。

3. 2のフライパンを、カソナードが残っている状態のまま中火にかける。いちごとレモン汁を入れ、弱火にして絡める。

4. 3にピスタチオを入れて絡め、いちごが少しやわらかくなって赤いソースが出てきたら火からおろし、ブリオッシュにかける。サワークリームをのせ、おろし金でレモンの皮の黄色い部分を削ってふりかける。

ワンポイント：ブリオッシュはあらかじめ約10分冷凍庫に入れて冷やしておき、ストローで側面に穴をあけてからチョコレートを差し込むときれいに仕上がる。

PAIN

GHT
PAIN PUDDING AUX PRUNEAUX
プルーン パンプディング

しっとりとした舌ざわりと
ほんのりと感じる甘みがやさしい味わい。

材料 — 2人分

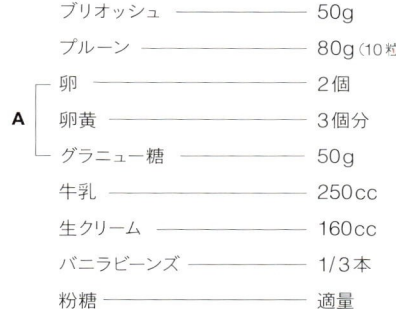

ブリオッシュ	—	50g
プルーン	—	80g (10粒)
A ┌ 卵	—	2個
├ 卵黄	—	3個分
└ グラニュー糖	—	50g
牛乳	—	250cc
生クリーム	—	160cc
バニラビーンズ	—	1/3本
粉糖	—	適量

作り方

1. ブリオッシュは一口大に切り、プルーンは半分に切って耐熱皿に入れる。

2. ボウルに **A** を入れ、グラニュー糖が溶けて白っぽくなるまで泡立て器で混ぜる。

3. 鍋に牛乳、生クリームを入れ、バニラビーンズのさやを包丁で切って開き、種をこそぎ出してすべてを加えて中火にかける。沸騰する直前に火からおろす。**2** のボウルに加え、全体がなじむまで混ぜてから網でこす。

4. **1** に **3** を7〜8分目まで注ぎ、手でブリオッシュを押してしみ込ませる。

5. 深めのバットにタオルを敷き **4** を置く。バットの6〜7分目くらいまで湯(分量外)を入れ、160℃のオーブンで約50分、プディングに少し穴をあけてみて液体が出てこなくなるまで焼く。お好みで粉糖をかける。

ワンポイント：ブリオッシュのかわりにお好みのパンを使ってもよい。

PAIN

CROQUE MONSIEUR

GHT

クロックムッシュ

やさしい味わいのベシャメルソースと
たっぷりのチーズが贅沢なおいしさ。

材料 — 2人分

○ベシャメルソース
- バター ——— 20g
- 小麦粉 ——— 20g
- 牛乳 ——— 200cc
- 塩 ——— 適量
- こしょう ——— 適量

- 食パン（8枚切り） ——— 4枚
- チーズ（グリュイエール スライス） ——— 4枚
- ハム（ジャンボンブラン スライス・食パンと同等のサイズ） ——— 2枚
- チーズ（グリュイエール シュレッド） ——— 140g
- 黒こしょう ——— 適量

作り方

1. ベシャメルソースを作る：鍋を中火にかけ、バターと小麦粉を入れてゴムベラなどで約10分、小麦粉がなじんでサラっとした状態になるまで混ぜる。冷やしておいた牛乳を2〜3回に分けて入れながら混ぜ、沸騰させないように火を加減して混ぜながら、とろみが出るまで約15分加熱する。塩、こしょうでしっかり味をつける。

2. 食パン4枚を鉄板に並べ、それぞれの上面にベシャメルソースを1/6ずつ塗る。

3. 2の上にスライスチーズを1枚ずつのせ、うち2枚の食パンにはさらにハムをのせる。ハムをのせているほうの食パンに、もう片方の食パンをチーズの面を内側にしてのせる。

4. 3の上面に残りのベシャメルソースを塗り、シュレッドチーズをたっぷりのせる。

4. 200℃のオーブンで約12分、チーズが溶けて焼き色がつくまで焼いたら、皿に移し、お好みで黒こしょうをふる。

ワンポイント：目玉焼きをクロックムッシュの上にのせるとクロックマダムに。

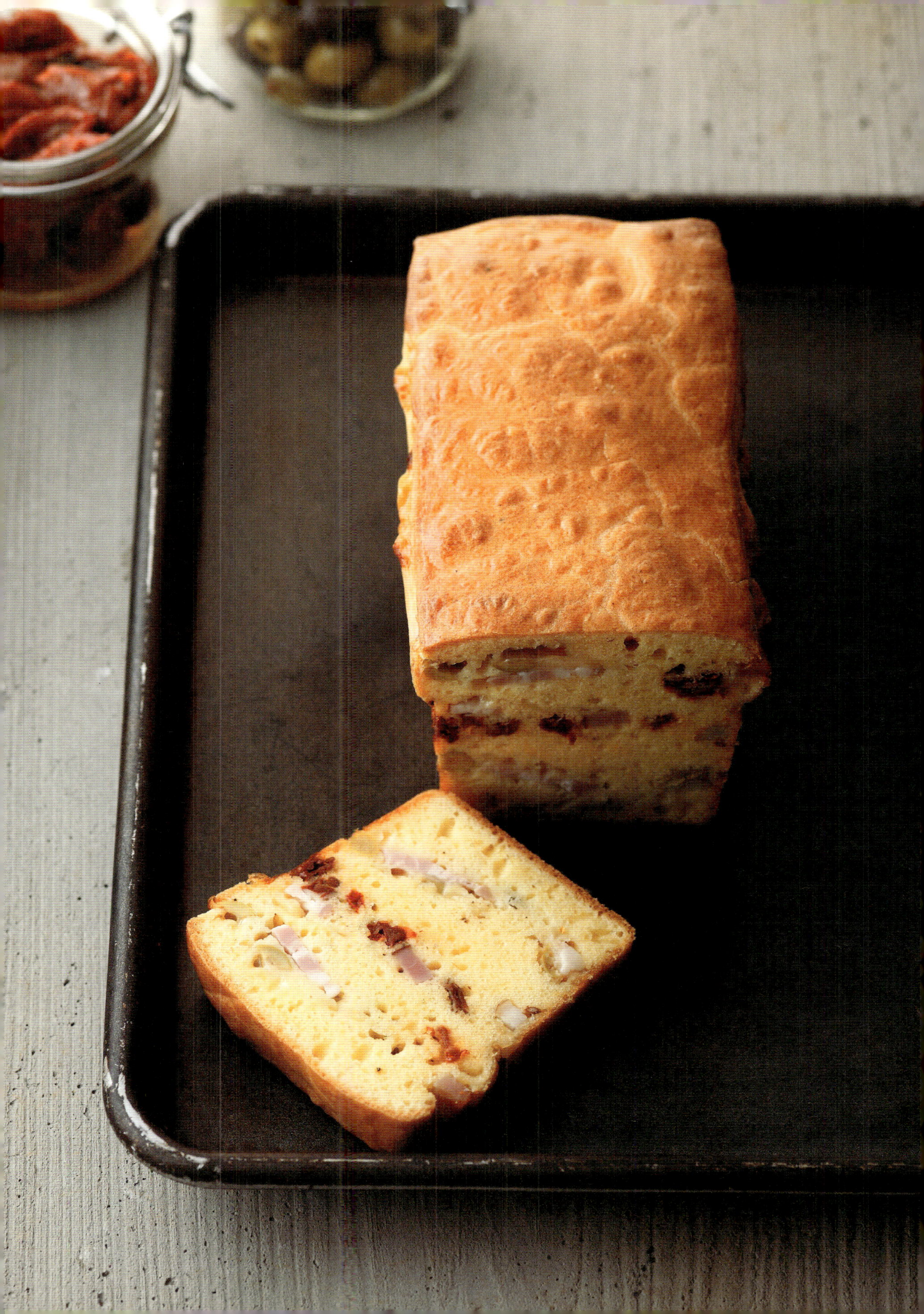

PAIN

CAKE AUX OLIVES & TOMATES
オリーブとドライトマトのパウンドケーキ

具材が引き立つ大人の味わい。
ワインと合わせて、おもてなしにも。

材料 —パウンド型 幅18cm×奥行8cm×高さ6cm 1台分

A	小麦粉	200g
	ベーキングパウダー	10g
	塩	小さじ1/5
卵		3個
牛乳		45cc
バター		100g
ドライトマト		50g
ベーコン（スライス）		100g
グリーンオリーブ（種なし）		20粒
チーズ（グリュイエール シュレッド）		50g
黒こしょう		適量

作り方

1. ボウルに **A** を入れて泡立て器で混ぜる。

2. 1に卵を割り入れて混ぜ、さらに少しずつ牛乳を加えて混ぜる。溶かしたバターと黒こしょうを加えて混ぜたら、ラップをして冷蔵庫で約1時間休ませる。

3. ドライトマトは約1cm角に、ベーコンは幅約1.5cmに、オリーブは4等分に切る。

4. パウンド型にバター（分量外）を塗り、**2** の生地の1/4を入れ、ドライトマト、ベーコン、オリーブ、チーズをそれぞれ1/3ずつ入れる。これをあと2回繰り返し、最後に残った生地を入れる。180℃のオーブンで約30分、竹串を刺して生の生地がついてこなくなるまで焼く。焼き上がったらすぐに型から外す。

ワンポイント：具が沈まずにきれいな層ができるよう、生地を冷蔵庫でしっかり休ませる。

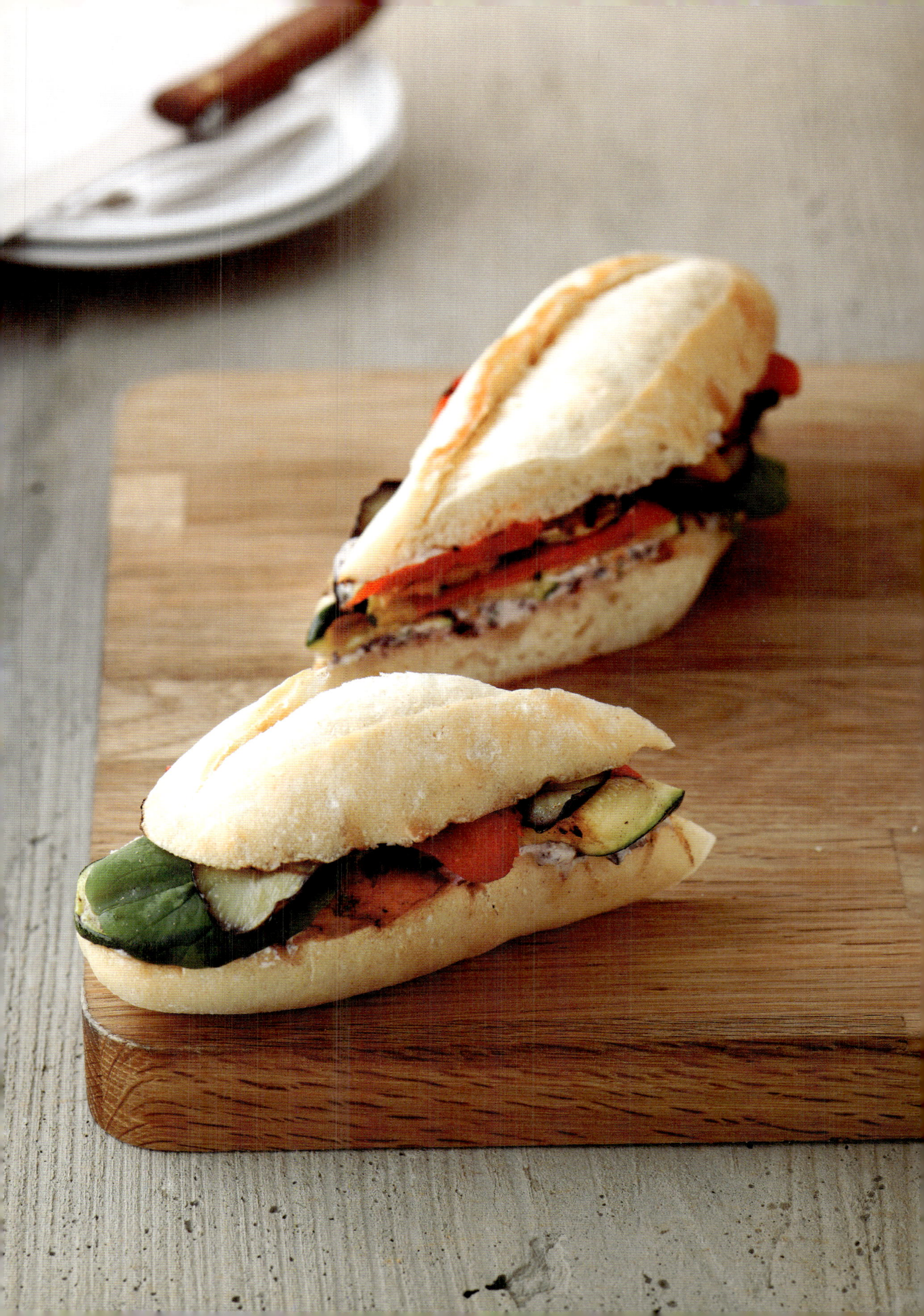

PAIN

SANDWICH DE LÉGUMES GRILLÉS
グリル野菜のサンドイッチ

しっかりとした食べ応えと旨味。野菜がますます好きになる極上サンド。

材料 — 2人分

赤パプリカ	—	1/2個
黄パプリカ	—	1/2個
なす	—	1本
ズッキーニ	—	1本
チャバタ	—	2個
にんにく	—	1/2片
ルッコラ	—	10枚
オリーブオイル	—	適量
塩	—	適量

○チーズ＆バジルソース
- ブラックオリーブ（種なし）— 10粒
- A
  - リコッタチーズ — 100g
  - パルメザンチーズ — 小さじ2
  - オリーブオイル — 小さじ2
- バジル — 3枚
- 塩 — 適量
- こしょう — 適量

作り方

1. 赤・黄パプリカは、皮が真っ黒になるまでガスコンロの直火あるいはグリルで焼く。それぞれラップで包んで約5分置いたら、焦がした皮を水で洗い流して取る。縦半分に切り、さらに横3等分のそぎ切りにする。なすとズッキーニは縦に厚さ約3mmの薄切りにする。チャバタは横半分に切る。

2. パプリカ、なす、ズッキーニをバットに並べ、塩、オリーブオイルをふりかけ約5分置いておく。

3. チーズ＆バジルソースを作る：オリーブをみじん切りにしてボウルに入れ、**A**を加えてゴムベラで混ぜる。みじん切りにしたバジルを加えて混ぜ、塩、こしょうで味をととのえる。

4. グリルパンを強火にかけ、パプリカ、なす、ズッキーニの両面をそれぞれ約1分ずつ、香ばしくしっかりと焼き色がつくまでグリルする。カットしたチャバタの内側の面を、グリルパンに押さえつけながら焼き色がつくように約30秒グリルする。

5. チャバタの内側の両面ににんにくをこすりつけ、チーズ＆バジルソースを塗る。チャバタの下半分にズッキーニ、パプリカ（半量）、ルッコラ、なすをのせ、さらにパプリカ（半量）をのせる。チャバタの上半分をのせサンドする。

ワンポイント： グリルパンがない場合はフライパンで焼き色をつけてもよい。

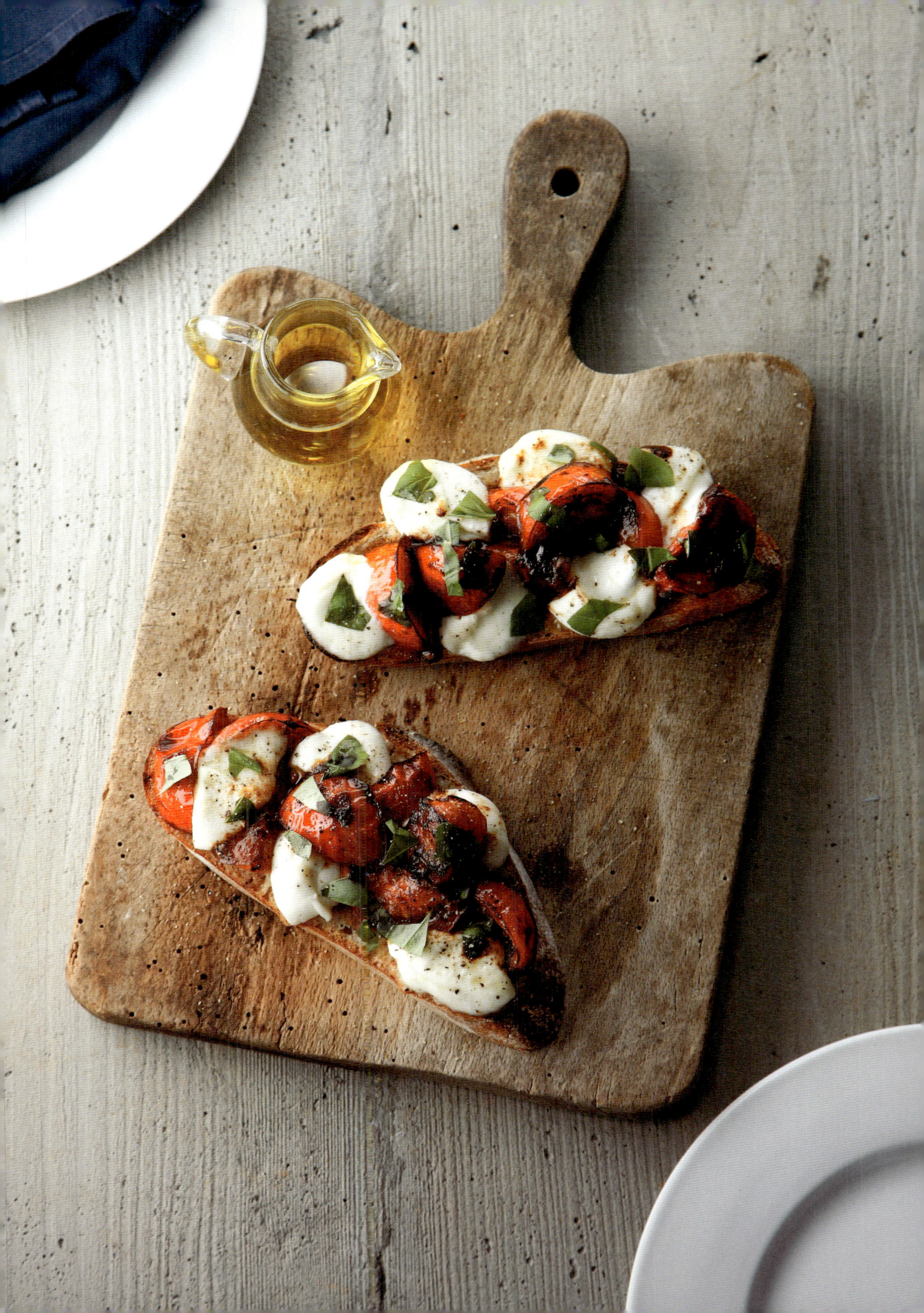

TARTINE TOMATE & MOZZARELLA

トマトとモッツァレラのタルティーヌ

見た目も美しいタルティーヌ。
素材のおいしさをぐっと引き出して。

材料 — 2人分

パン ド カンパーニュ（厚さ約1.5cm）	2枚
にんにく	1/2片
フルーツトマト	2個
モッツァレラチーズ	1個
オリーブオイル	小さじ1/2＋適量
バルサミコ酢	大さじ1
バジル	4枚
塩	適量
黒こしょう	適量

作り方

1. パン ド カンパーニュはオーブントースターなどで軽く温まる程度にトーストし、上面ににんにくをこすりつける。フルーツトマトは6等分、モッツァレラチーズは約10等分のくし形に切る。

2. フライパンを強火にかけ、オリーブオイル（小さじ1/2）を入れる。トマトを入れて1〜2分、焼き色がつくまでソテーしたら塩、黒こしょうをふり、バルサミコ酢を入れてトマトに絡める。

3. パン ド カンパーニュにトマトをのせ、フライパンに残ったバルサミコ酢をかけたら、モッツァレラチーズをのせる。

4. 3を200℃のオーブンで約2分焼く。モッツァレラチーズが少し溶けたら取り出し、バジルをちぎってちらし、お好みで黒こしょうとオリーブオイルをふる。

CONDIMENT
ディップ

朝の食卓をカラフルに彩るディップたち。
いつものパンがいっそうおいしくいただけるだけでなく
ワインのちょっとしたおつまみにも。
どれにしょうか迷ってしまう、豊かなラインナップ。

GHT

MARMELADE PAMPLEMOUSSE & VANILLE

1. グレープフルーツとバニラのマーマレード

ていねいに甘みを引き出したマーマレードはGHTの定番。

材料 —作りやすい量

ピンクグレープフルーツ	1個	砂糖	250g
バニラビーンズ	1/2本	水	500cc

作り方 グレープフルーツは皮ごと半分に切り、厚さ約3mmの薄切りにして種を取りのぞく。鍋に敷き詰め、バニラビーンズのさやを包丁で切って開き、種をこそぎ出し、すべて入れる。砂糖と水の半量を入れて中火で沸騰させ、そのままクッキングシートで落としぶたをして弱火で約2時間煮込む。常温でひと晩寝かせ、残りの砂糖と水を入れてかき混ぜずに弱火で約1時間、落としぶたをして煮込む。バニラビーンズのさやを取り出し、少し粒が残る程度にフードプロセッサーにかけて完成。ジャムポットに入れて冷蔵庫で保管する。

CONFITURE FRAISE & MENTHE

2. いちごとミントのジャム

ミントの香りが爽やかな絶品いちごジャム。

材料 —作りやすい量

いちご	250g	レモン汁	1/2個分	ミント	10枚
ブラウンシュガー	200g	レモンの皮（おろし金で黄色い部分を削る）	1/2個分	白バルサミコ酢	小さじ1/2

作り方 いちごはへたを取って縦半分に切る。ボウルにいちご、ブラウンシュガー、レモン汁を入れ、ラップをして冷蔵庫で約12時間寝かせたら網でこす。こした果汁を鍋に入れ、中火にかける。煮立たせて少し飴状になったらいちごを入れ、弱火で約30分煮込む。火からおろし、ミントをちぎって加え、レモンの皮、白バルサミコ酢を加えて混ぜて完成。ジャムポットに入れて冷蔵庫で保管する。

PÂTE À TARTINER AU CHOCOLAT & NOISETTES

3. チョコレートとヘーゼルナッツのペースト

濃厚なカカオと香ばしいナッツのベストマッチ。

材料 —作りやすい量

チョコレート（カカオ70%）	75g	生クリーム	175cc	グレープシードオイル	25g
ジャンドゥージャ	175g	はちみつ	25cc	ヘーゼルナッツ	30g

作り方 チョコレートとジャンドゥージャは削ってボウルに入れる。生クリームとはちみつを鍋に入れて中火にかけ、沸騰する直前に火からおろし、ボウルに加える。グレープシードオイルを加え、ハンドミキサーなどでよく混ぜる。刻んだヘーゼルナッツを加え、ゴムベラで混ぜたら完成。ジャムポットに入れて冷蔵庫で保管し、食べる約10分前に出して常温に戻す。

CAVIAR D'AUBERGINES & OLIVES NOIRES

4. なすとブラックオリーブのディップ

焼いたなすが香ばしい。バゲットにのせておつまみに。

材料 — 作りやすい量

米なす — 1個	ブラックオリーブ（種なし） — 10粒	レモン汁 — 大さじ1
オリーブオイル — 大さじ4	バジル — 4枚	塩 — 適量
にんにく — 1/4片	ヨーグルト（無糖） — 50g	こしょう — 適量

作り方 米なすは厚さ約1cmの輪切りにし、両面に塩をふる。フライパンを中火にかけ、オリーブオイル（大さじ3）をひいて米なすをソテーする。片面を約3分焼いてひっくり返し、オリーブオイル（大さじ1）を追加して約3分、両面にしっかりと焼き色がつくようにじっくり焼く。あら熱をとり、約5mm角に切ったらボウルに入れる。にんにくはすりおろし、オリーブはあらみじん切り、バジルはみじん切りにしてボウルに加える。ヨーグルト、レモン汁を加え、ゴムベラでしっかり混ぜる。塩、こしょうで味をととのえる。

BEURRE AUX ALGUES

5. 海藻のバター

フレッシュなコクと海の香り。味わい深い至福のバター。

材料 — 作りやすい量

生クリーム — 300cc	生のり — 30g
海藻（緑・赤・白） — 各20g	天日塩（ゲランド） — 3g

作り方 ボウルに冷やした生クリームを入れ、泡立て器で混ぜる。生クリームが分離して水分と白っぽい固まりに分かれ、バターができるまで混ぜ続ける。海藻は水につけて塩抜きし、洗ってキッチンペーパーで水気をきる。海藻と生のりを細かく刻む。ボウルにバター、海藻、生のり、塩を入れ、ゴムベラなどで混ぜる。

PESTO DE PETITS POIS & RICOTTA

6. グリーンピースとリコッタチーズのペースト

若々しいグリーンピースとまろやかなチーズが好相性。

材料 — 作りやすい量

グリーンピース — 200g	ミント — 10枚	塩 — 適量
リコッタチーズ — 60g	レモン汁 — 小さじ1	こしょう — 適量
パルメザンチーズ — 20g	オリーブオイル — 大さじ1	

作り方 グリーンピースは約4分塩ゆでし、ざるにあげて氷水にひたしてから水気をきり、すり鉢に入れる。すりこぎで6〜7割すりつぶしたところでリコッタチーズとパルメザンチーズを加えて全体がなじむまで混ぜる。あらみじん切りにしたミントをすり鉢の側面ですりつぶして香りを出し、ゴムベラなどで混ぜ込む。レモン汁とオリーブオイルを加え、塩、こしょうをふって混ぜる。もし固いようなら、冷たい水（分量外）を加えて調整する。

ワンポイント：季節によって空豆や枝豆を使ってもよい。

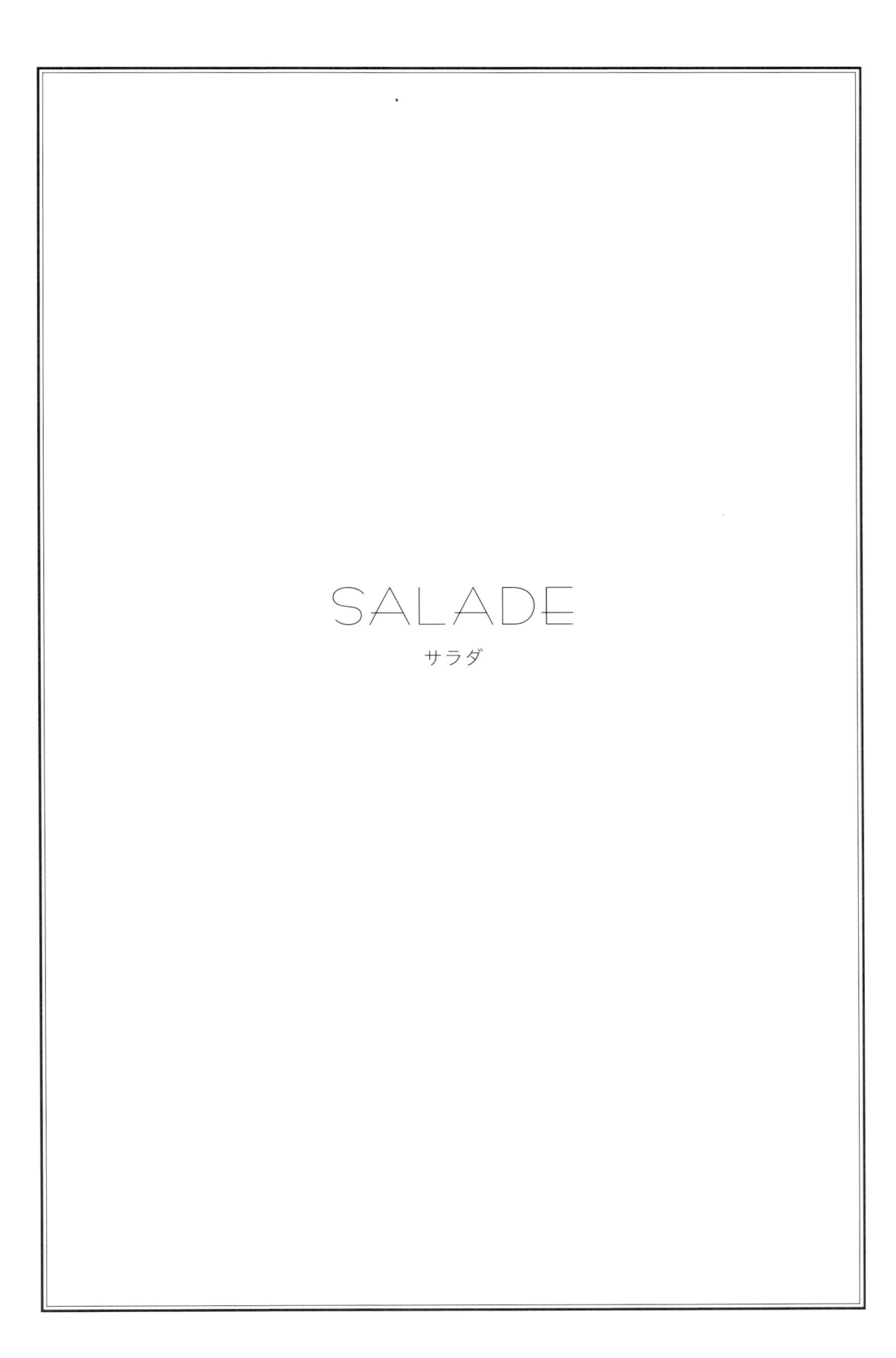

SALADE
サラダ

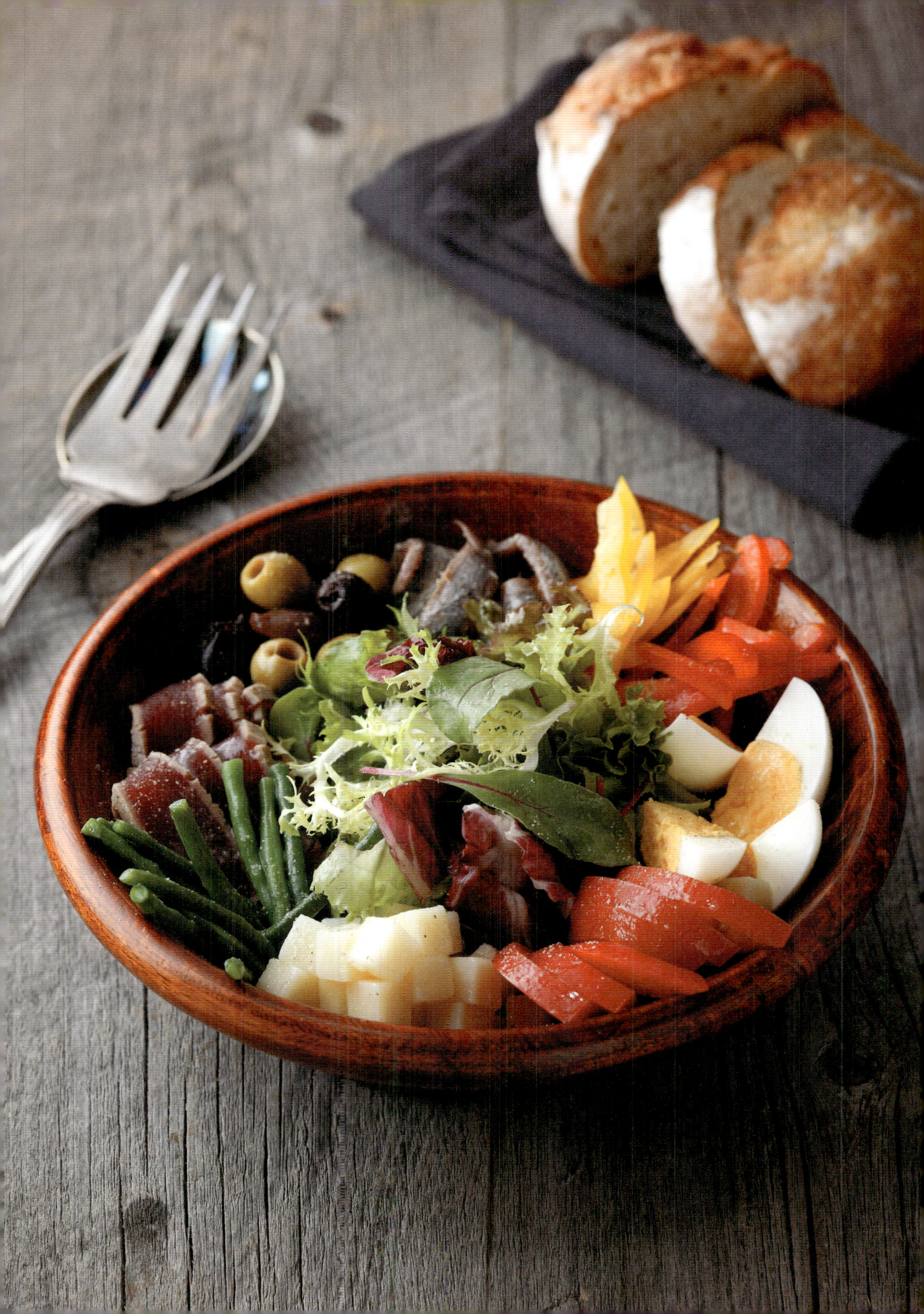

SALADE

GHT

SALADE NIÇOISE
ニース風サラダ

地中海のリゾートで生まれた伝統の味。
シンプルなソースで楽しんで。

材料 — 2人分

○ヴィネグレットソース			マグロ（さく）	60g	トマト	1/2個
レモン汁	大さじ2		オリーブオイル	小さじ1	グリーンサラダ	適量
塩	適量		じゃがいも	40g	アンチョビ	20g
オリーブオイル	90cc		さやいんげん	6本	グリーンオリーブ（種なし）	6粒
			ゆで卵	1個	ブラックオリーブ（種なし）	6粒
			赤パプリカ	1/8個	塩	適量
			黄パプリカ	1/8個	こしょう	適量

作り方

1. ヴィネグレッドソースを作る：ボウルにレモン汁と塩を入れ、泡立て器で混ぜる。オリーブオイルを分離しないように少しずつ加えながら、全体がなじむまで混ぜる。

2. マグロはさくのまま全体に塩、こしょうをふる。フライパンを強火にかけ、オリーブオイルをひく。マグロの両面をそれぞれ表面の色が変わる程度に焼き、厚さ約2mmの薄切りにし、ラップをして冷蔵庫で冷やしておく。

3. じゃがいもは約1cm角、さやいんげんは横半分に切り、それぞれ塩ゆでし、ざるにあげて氷水にひたしてから水気をきる。ゆで卵（ゆで時間：約12分）も冷やしておき、6等分のくし形に切る。赤・黄パプリカは細切り、トマトは厚さ約5mmのいちょう切りにする。

4. 器にグリーンサラダをのせ、その他の具材をまわりに色どりよく盛り合わせる。お好みで塩、こしょうをふり、ヴィネグレットソースをかける。

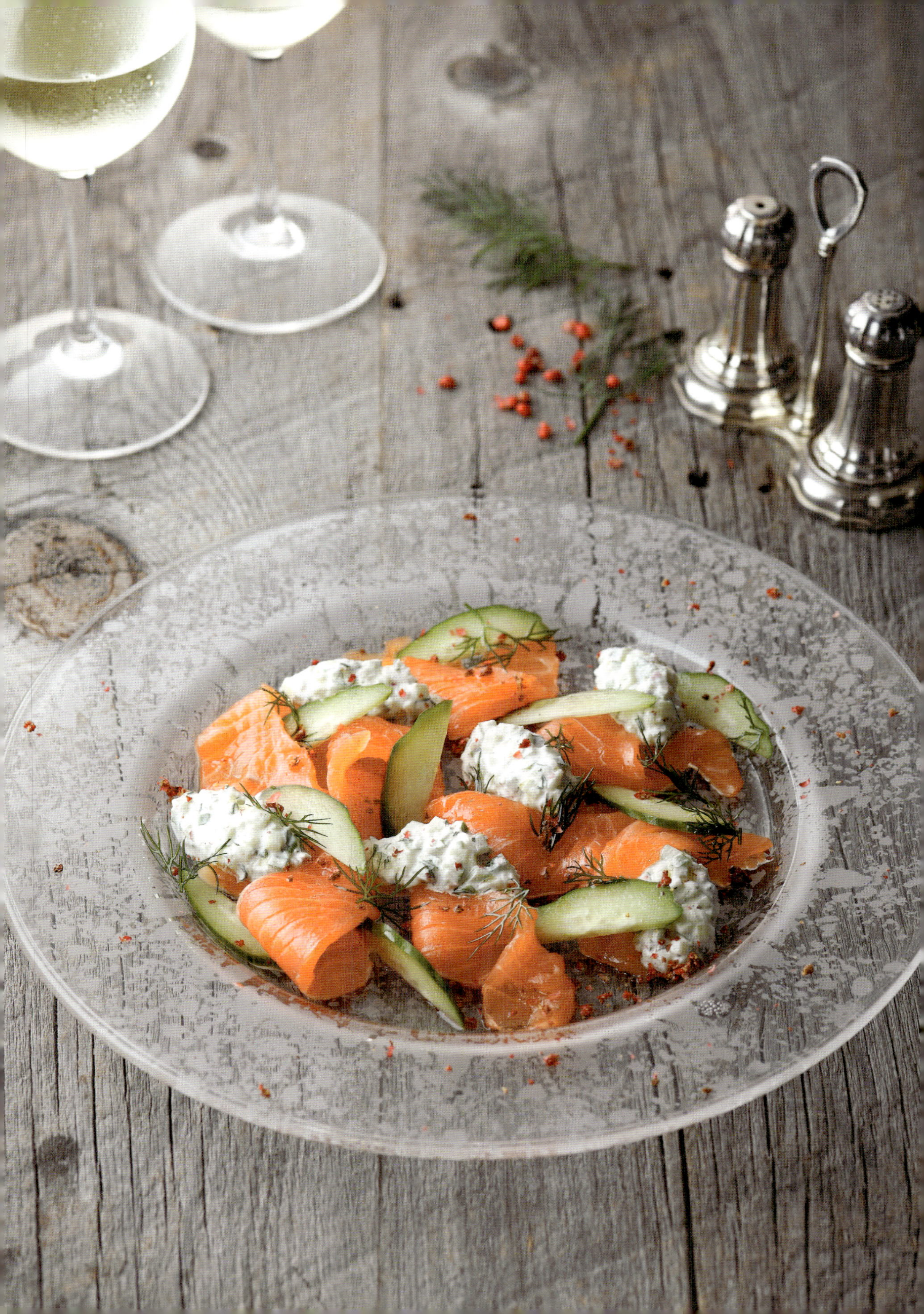

SALADE

SAUMON MARINÉ, CONCOMBRE À LA CRÈME

サーモンのマリネ キュウリクリームソース

優雅な休日のブランチは、
つめたく冷やした白ワインとお洒落なひと皿を。

材料 — 2人分

○ サーモンのマリネ

砂糖	25g
岩塩	50g
サーモン（生さく）	200g
オリーブオイル	25cc
ディル（マリネ用）	1枝
ディル（仕上げ用）	1/4枝
キュウリ	1/4本
ピンクペッパー	適量

○ キュウリクリームソース

キュウリ	1/2本
ベルギーエシャロット	10g
ディル（葉の部分）	1枝分
サワークリーム	35g
ピンクペッパー	小さじ1/2
塩	適量
こしょう	適量

作り方

1. 砂糖と岩塩を混ぜ、サーモンの表面全体にこすりつけてラップに包み、冷蔵庫で約12時間マリネする。

2. 1を水で洗ってキッチンペーパーで水分を拭き取り、オリーブオイルをサーモンの表面に塗る。ディル（マリネ用）と一緒にラップに包み、冷蔵庫で約1時間なじませる。

3. キュウリクリームソースを作る：キュウリは約5mm角に切り、塩をふって約5分置いてからキッチンペーパーで水気をきる。ボウルに入れ、みじん切りにしたベルギーエシャロットとディル、サワークリームを加えてゴムベラで混ぜ、塩、こしょうをふり、包丁などで砕いたピンクペッパーを加えて混ぜる。

4. 2のサーモンを厚さ約2mmの薄切りにし、キュウリは縦半分に切り、さらに薄く斜め切りにする。サーモンとキュウリを皿に盛りつける。

5. 小さめのスプーンを2本使って3のキュウリクリームソースでクネルを作り盛りつける。ディル（仕上げ用）をちぎってちらし、包丁などで砕いたピンクペッパーをちらす。

ワンポイント：クネルとはフットボール型にすること。

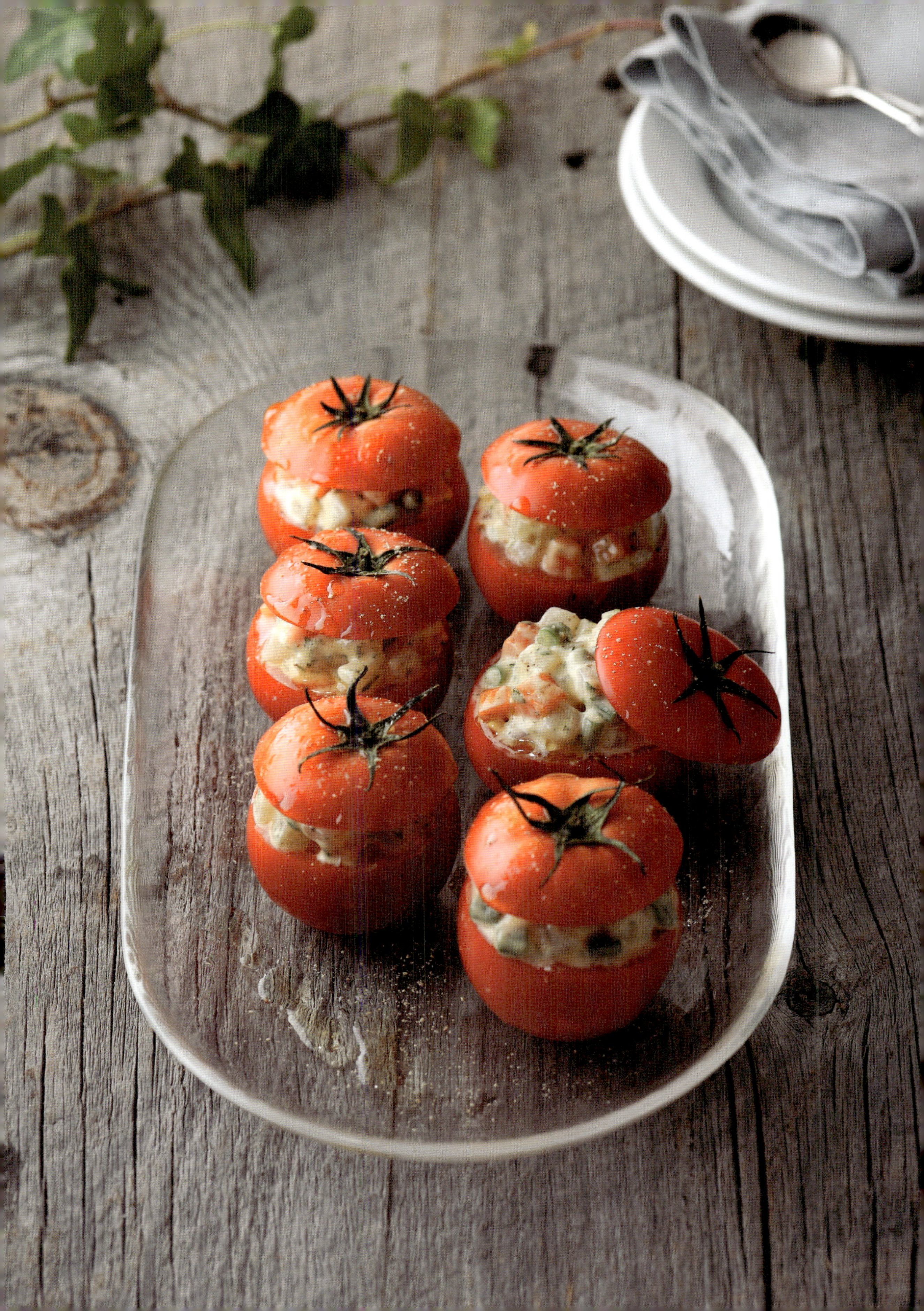

SALADE

TOMATES FARCIES DE MACÉDOINE
ころころ野菜のトマトファルシ

フレッシュなトマトにカラフルな野菜をぎっしり詰め込んで。

材料 ― 6個分

にんじん	75g
セロリ（茎）	40g
大根	150g
さやいんげん	12本
オリーブオイル	大さじ1＋適量
にんにく	1/2片
フルーツトマト	6個
塩	適量
こしょう	適量

○マヨネーズソース（作りやすい量）

A 卵黄	1個分
A マスタード	大さじ1
A 塩	小さじ1/5
サラダ油	100cc
チャービル（葉の部分）	2枝分
イタリアンパセリ（葉の部分）	2枝分
塩	適量
こしょう	適量

作り方

1. にんじん、セロリ、大根、さやいんげんはすべて約1cm角に切る。ココットなどふた付きの鍋を弱火にかけ、オリーブオイル（大さじ1）と皮付きのまま軽くつぶしたにんにくを入れる。

2. にんじんとセロリを入れて炒め、温まってきたら塩をふる。約2分炒めたら大根とさやいんげんを加え、中火にして約2分炒めてからふたをして弱火にし、約5分加熱する。

3. 2をバットなどに移してにんにくを取り出し、あら熱がとれたらラップをして冷蔵庫に入れておく。

4. トマトはへたの部分約1cmと下から約5mmを切り、へたの部分をとっておく。中身をくりぬき、キッチンペーパーの上に伏せて約5分置いたあと、内側に塩、こしょうをふる。

5. マヨネーズソースを作る：ボウルに **A** を入れて泡立て器で混ぜ、サラダ油を少しずつ加えながらしっかり混ぜる。みじん切りにしたチャービルとイタリアンパセリを加えて混ぜ、塩、こしょうで味をととのえる。

6. 3を冷蔵庫から取り出し、マヨネーズソースを加えて混ぜ、トマトの器に詰めてへたでふたをする。皿に並べ、お好みで塩、こしょう、オリーブオイルをふる。

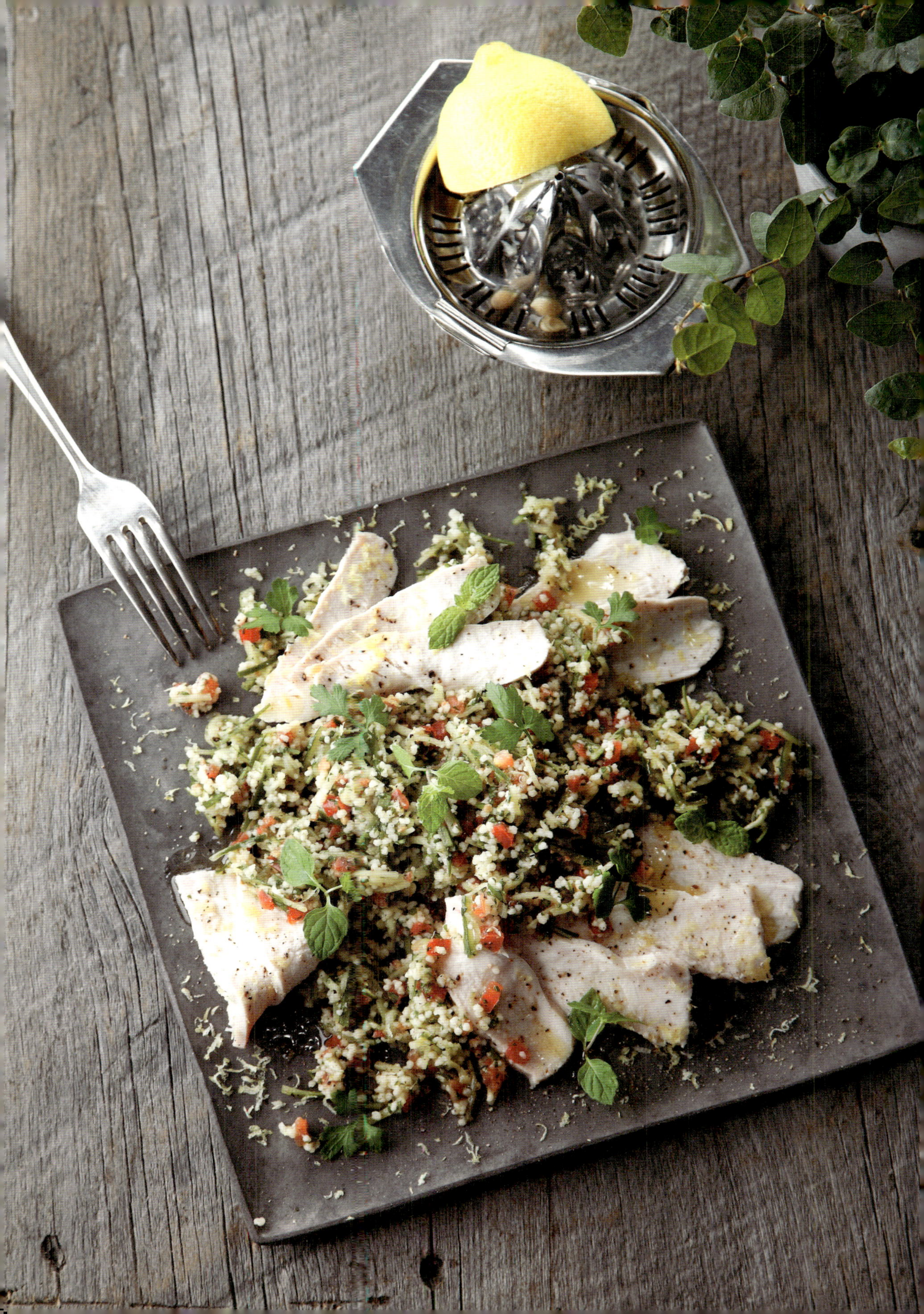

SALADE

TABOULÉ AUX HERBES & POULET
ハーブとチキンのタブレ

クスクスとたっぷりの野菜にミントの香り。
食感を楽しむ爽やかなサラダ。

材料 — 2人分

クスクス	40g	レモン汁	1/2個分
オリーブオイル	大さじ3＋適量	レモンの皮	適量
水	40cc	塩	適量
鶏胸肉	100g	こしょう	適量
キュウリ	1/2本	黒こしょう	適量
トマト	1個	オリーブオイル	適量
ミント（葉の部分）	40枚＋適量（飾り用）		
イタリアンパセリ（葉の部分）	10枚＋適量（飾り用）		

作り方

1. ボウルにクスクス、オリーブオイル（大さじ2）、塩を入れる。オリーブオイルがクスクスにしっかりしみ込むように、両手で約3分すり込む。水を沸かして加え、全体になじませたらラップをして約5分置く。フォークで混ぜてほぐし、そのまま置いて冷ましておく。

2. 鶏胸肉に塩、こしょうをふる。フライパンを弱火にかけ、オリーブオイル（大さじ1）をひいて焼き色がつかない程度に表面に火を通す。さらに180℃のオーブンで約12分焼き、火を通す。

3. キュウリは長さ約3cmの細かい千切り、トマトは約5mm角に切る。**1**のボウルにキュウリ、トマト、みじん切りにしたミントとイタリアンパセリ、塩を入れてよく混ぜる。全体が混ざったらレモン汁を加えて混ぜ、塩で味をととのえる。

4. 鶏胸肉の皮を取り、厚さ約3mmの薄切りにして皿にのせ、**3**を盛りつける。おろし金でレモンの皮の黄色い部分を削ってふりかけ、お好みで黒こしょうをふり、ミントとイタリアンパセリをちらし、オリーブオイルをふる。

ワンポイント：鶏胸肉は焼き色をつけず、ゆっくりオーブンで焼くことでジューシーに仕上がる。

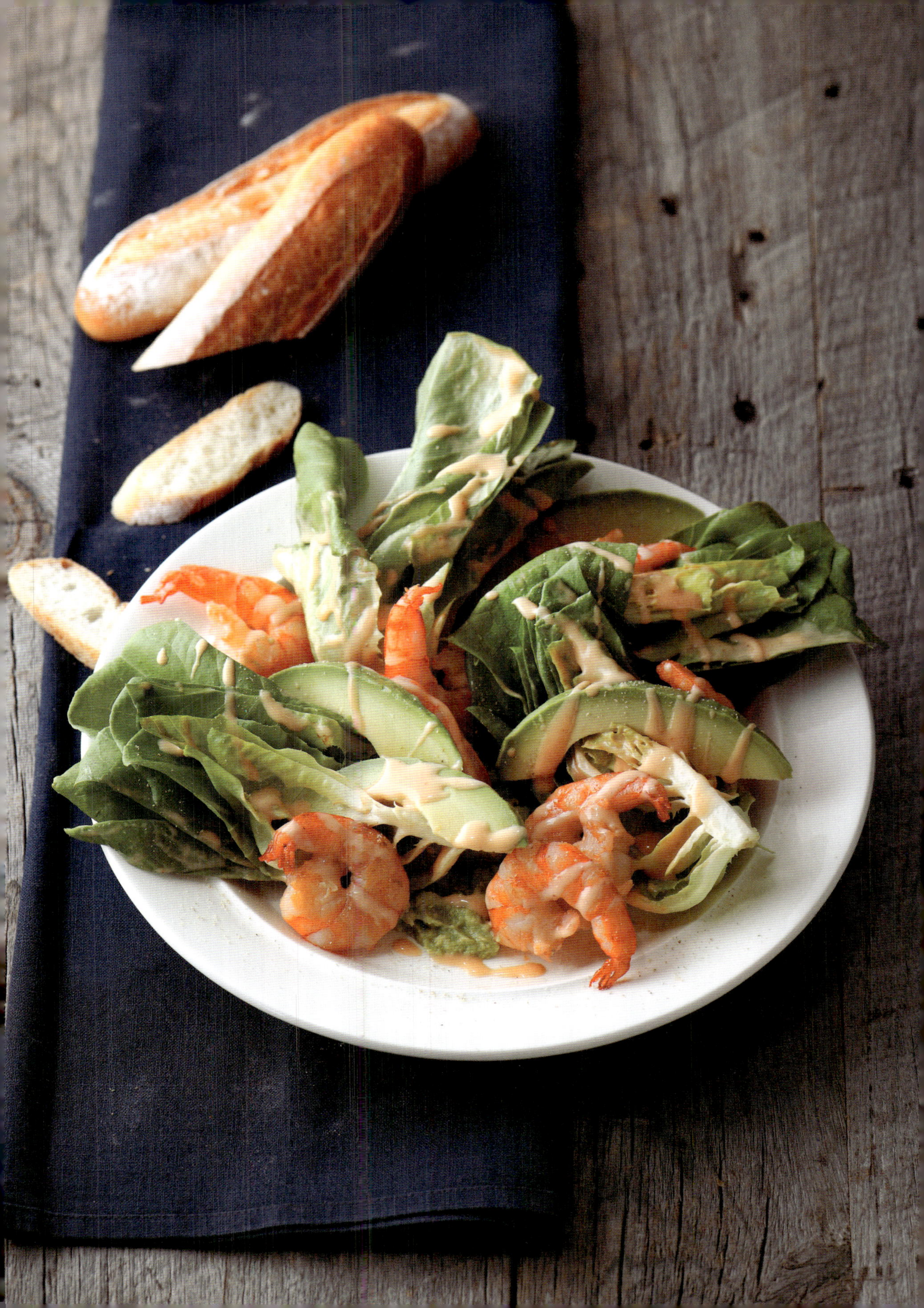

SALADE

SALADE CREVETTES & AVOCAT
シュリンプとアボカドのサラダ

食べ応えのある具材と
オーロラソースのハーモニーを楽しんで。

材料 — 2 人分

エビ	8尾	
オリーブオイル	小さじ2	
にんにく	1/2片	
コニャック	大さじ1	
サラダ菜	1玉	
アボカド	1/2個	
ライムの皮	1/4個分	
ライム汁	1/4個分	
塩	適量	
こしょう	適量	

○オーロラソース（作りやすい量）

A
- 卵黄 — 1個
- マスタード — 大さじ1
- 塩 — 適量

サラダ油 — 100cc

B
- ケチャップ — 大さじ2
- 生クリーム — 大さじ2
- タバスコ — 適量

作り方

1. エビは洗ってキッチンペーパーで水分を拭き取り、塩をふる。フライパンを強火にかけ、オリーブオイル（小さじ1）と皮付きのまま軽くつぶしたにんにくを入れ、エビを入れてソテーする。8割程度火が通ったらコニャックでフランベし、バットなどに移してあら熱をとる。

2. サラダ菜は縦4つに切る。アボカドは半分を6等分のくし形に切る。残りの半分をボウルに入れてフォークでつぶし、おろし金で削ったライムの皮、ライム汁、オリーブオイル（小さじ1）を加え、塩、こしょうをふって混ぜ、ピューレを作る。

3. オーロラソースを作る：ボウルに **A** を入れて泡立て器でよく混ぜ、サラダ油を少しずつ加えながら全体がなじむまで混ぜる。さらに **B** を加えて混ぜる。

4. 皿に **2** のアボカドのピューレを敷き、サラダ菜、エビ、カットしたアボカドを盛りつけ、オーロラソースをかける。お好みで塩、こしょうをふる。

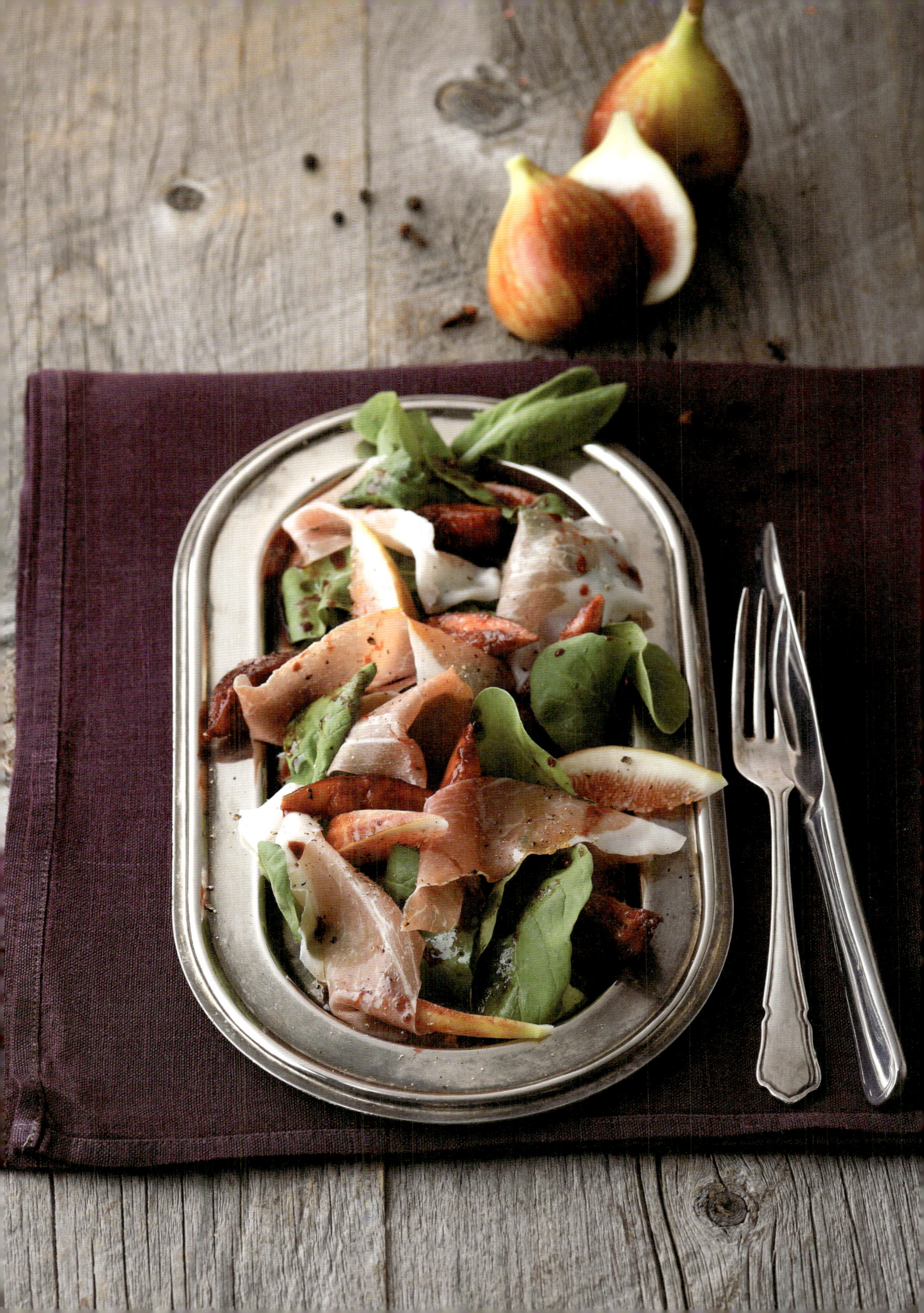

SALADE

SALADE FIGUES & JAMBON
いちじくと生ハムのサラダ

表情豊かな味わいのいちじくとルッコラ。
贅沢な香りが広がる大人のひと皿。

材料 — 2人分

いちじく	3個
クローブ	2粒
粒黒こしょう	2粒
ポートワイン（赤）	50cc
バルサミコ酢	小さじ1/2
オリーブオイル	小さじ1/2
ルッコラ	20枚
生ハム（スライス）	12枚
黒こしょう	適量

作り方

1. いちじく2個を8等分のくし形に切る。

2. クローブと粒黒こしょうは包丁で軽くつぶし、ティーバッグに入れる。鍋にポートワインとティーバッグを入れ、煮立たせすぎないようにしながら弱火で煮詰めていく。

3. 2が煮詰まってとろみが出たらバルサミコ酢とオリーブオイルを加え、1のいちじくを入れて少しやわらかくなるまで弱火にかけたら、バットなどに移してあら熱をとる。

4. 残りのいちじく（1個）は生のまま、12等分のくし形に切る。皿にルッコラ、生ハム、3のいちじくと生のいちじくを盛りつけ、黒こしょうをふり、3のソースをかける。

ワンポイント： 加熱するいちじくは、熟していたら軽くあえる程度にするなど、状態によって火の入れ具合を調整する。桃、メロン、洋ナシ、パパイヤ、マンゴーなど、季節のフルーツを使ってもよい。

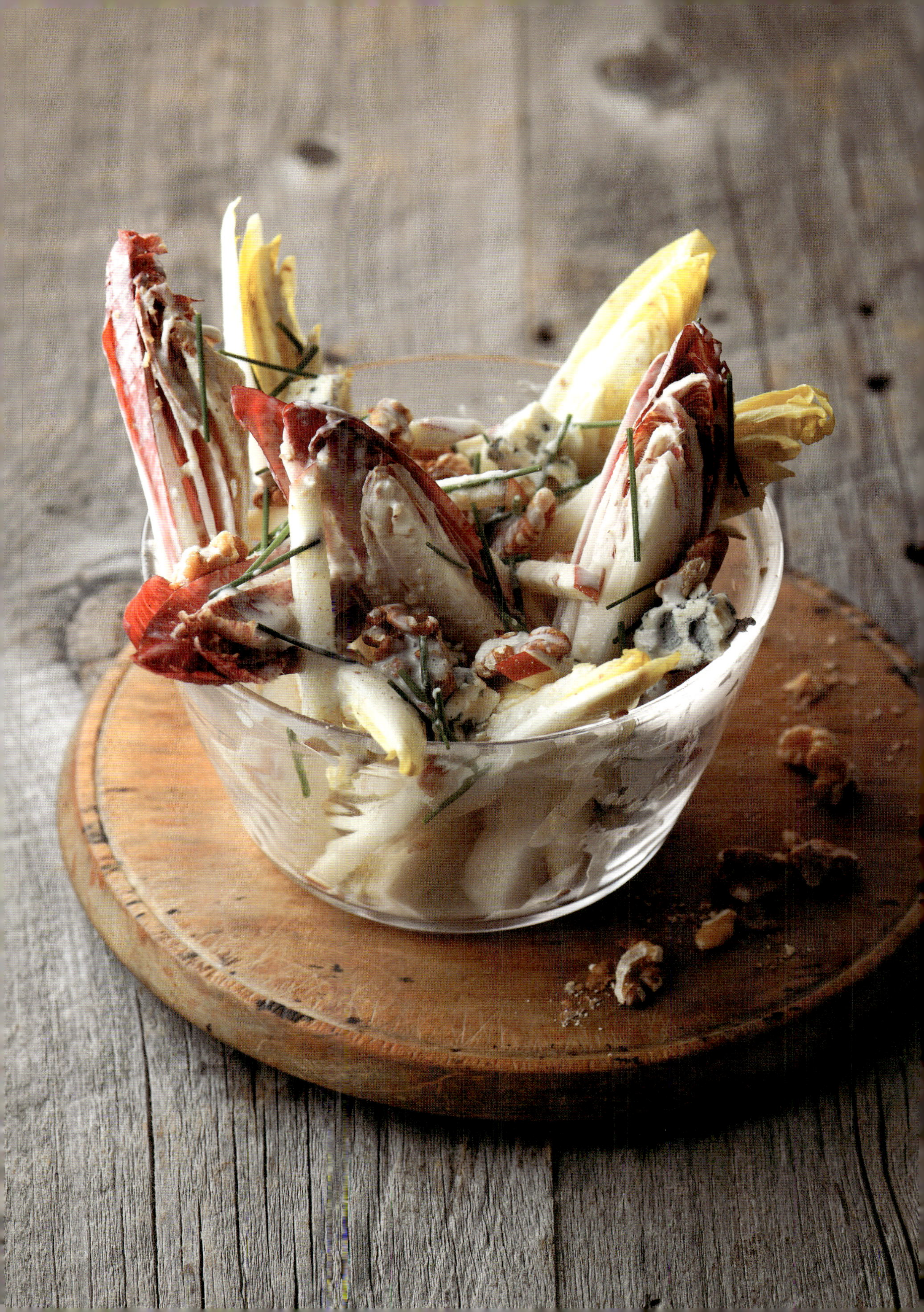

SALADE

SALADE ENDIVES & NOIX, SAUCE AU BLEU

アンディーブとくるみのサラダ ブルーチーズソース

絶妙のほろ苦さがくせになるフランスの定番サラダ。

材料 — 2人分

白アンディーブ	1個
赤アンディーブ	1個
りんご	1/4個
レモン汁	大さじ1/2
ブルーチーズ	40g
くるみ	20g
チャイブ	1/4束
こしょう	適量

○ブルーチーズソース（作りやすい量）

A 牛乳	75cc
A ブルーチーズ	50g
A くるみ	10g
オリーブオイル	小さじ2
レモン汁	大さじ1/2
塩	適量
こしょう	適量

作り方

1. 白アンディーブは縦6等分、赤アンディーブは縦4等分に切る。りんごは種の部分を取りのぞき、皮付きのまま約5mm角の棒状に切り、レモン汁をふりかける。ブルーチーズは外側の固い部分があれば切り落とし、約1cm角に切る。くるみは食べやすい大きさに砕く。チャイブは長さ約3cmに切る。

2. ブルーチーズソースを作る：**A**をミキサーに入れてくるみが細かくなるまでしっかり撹拌し、オリーブオイルとレモン汁を加えてさらに撹拌したら、塩、こしょうで味をととのえる。

3. 白・赤アンディーブをバットなどに並べてブルーチーズソースを大さじ3杯程度かけ、皿に盛りつける。りんご、ブルーチーズ、くるみ、チャイブをちらし、お好みでこしょうをふったら、ブルーチーズソースをかける。

SAUCE VINAIGRETTE

ドレッシング

絶品ドレッシングのレシピをマスターすれば
ちょっとしたサラダもドラマティックなひと皿に。
今日は何をあわせて食べる？
朝の目覚めが楽しみになる、華やかな美味のエッセンス。

1

4

2

5

3

6

PISTOU DE ROQUETTE

1. ルッコラのペースト

キリっとした苦味とにんにくの香りがたまらない。

材料 ― 作りやすい量

アンチョビ ── 10g	くるみ ── 10g	パルメザンチーズ ── 20g
にんにく ── 1/3片	ヘーゼルナッツ ── 10g	オリーブオイル ── 80cc
塩 ── 適量	ルッコラ（葉の部分）── 50g	こしょう ── 適量

作り方 すり鉢にアンチョビ、にんにく、塩を入れ、すりこぎでペースト状になるまですりつぶす。くるみとヘーゼルナッツを加えてすりつぶす。ルッコラを手でもみ、2〜3回に分けて加えながらペースト状になるようにすりつぶす。パルメザンチーズを加えて混ぜたら、オリーブオイルを少しずつ加えながら全体がなじむようによく混ぜる。こしょうで味をととのえる。

`GHT`

VINAIGRETTE ÉCHALOTES

2. エシャロットドレッシング

ほんのり甘いエシャロットの旨味を楽しむ。

材料 ― 作りやすい量

ベルギーエシャロット ── 110g	はちみつ ── 小さじ2	オリーブオイル ── 175cc
赤玉ねぎ ── 10g	砂糖 ── 適量	チャイブ ── 1/2束
白ワインビネガー ── 35cc	塩 ── 適量	
レモン汁 ── 50cc	こしょう ── 適量	

作り方 ベルギーエシャロット（10g）、赤玉ねぎ、白ワインビネガー、レモン汁、はちみつ、砂糖、塩、こしょうをミキサーに入れ、粒がなくなるまで撹拌したらボウルに移す。オリーブオイルとみじん切りにしたベルギーエシャロット（100g）を加え、泡立て器で混ぜる。食べる直前にみじん切りにしたチャイブを入れる。

`GHT`

VINAIGRETTE AUX NOIX

3. ナッツドレッシング

香り高いナッツと酸味が調和した深い味わい。

材料 ― 作りやすい量

ディジョンマスタード ── 40g	水 ── 大さじ1	くるみオイル ── 250cc
赤ワインビネガー ── 50cc	塩 ── 小さじ1	

作り方 材料はすべて常温のものを用意する。ボウルにディジョンマスタード、赤ワインビネガー、水、塩を入れ、全体がなめらかになるまで泡立て器で混ぜる。くるみオイルを分離しないように少しずつ加えながらしっかりと混ぜる。

GHT

SAUCE YAOURT

4. ヨーグルトドレッシング

爽やかな味と香りが口の中にぱっと広がる。

材料 — 作りやすい量

にんにく	1/2片	チャービル（葉の部分）	6枝分	塩	小さじ1/2
ヨーグルト（無糖）	200g	イタリアンパセリ（葉の部分）	6枝分	こしょう	適量
オリーブオイル	大さじ2	チャイブ	1/2束		

作り方 ボウルににんにくをこすりつけ、ヨーグルトとオリーブオイルを入れる。チャービル、イタリアンパセリ、チャイブをすべてみじん切りにして加え、塩、こしょうをふって全体がなじむまで泡立て器で混ぜる。

SAUCE COCKTAIL

5. カクテルドレッシング

スパイシーでクリーミーなドレッシング。

材料 — 作りやすい量

卵黄	1個分	ケチャップ	大さじ2	塩	適量
マスタード	大さじ1	コニャック	大さじ1		
サラダ油	100cc	シェリービネガー	大さじ1		
ウスターソース	大さじ1	タバスコ	適量		

作り方 ボウルに卵黄、マスタード、塩を入れて泡立て器で混ぜ、サラダ油を少しずつ加えながらよく混ぜる。ウスターソース、ケチャップ、コニャック、シェリービネガー、タバスコを加えて混ぜ、塩で味をととのえる。

GHT

VINAIGRETTE BLANCHE

6. フレンチドレッシング

酸味が際立つ濃厚な味わい。

材料 — 作りやすい量

玉ねぎ	25g	白ワインビネガー	50cc	サラダ油	150cc
マヨネーズ	30g	水	50cc		
マスタード	25g	塩	適量		

作り方 玉ねぎ、マヨネーズ、マスタード、白ワインビネガー、水、塩をミキサーに入れ、全体がなめらかになるまで撹拌する。さらに、サラダ油を分離しないように少しずつ加えながら撹拌する。

ACCOMPAGNEMENT
サイドディッシュ

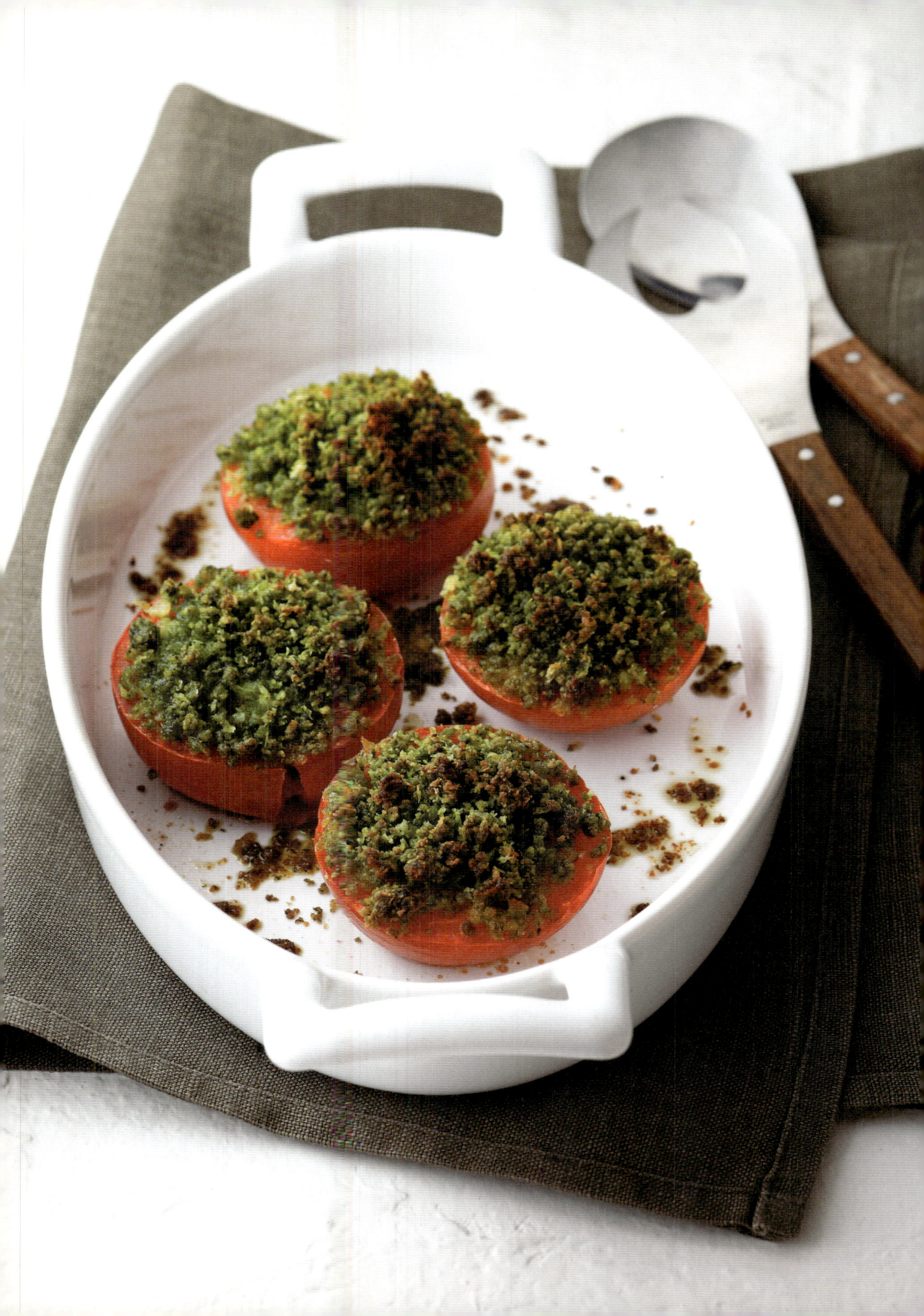

ACCOMPAGNEMENT

GHT
TOMATES AU FOUR
ベイクドトマト

香り高いパン粉とジューシーなトマト。
赤と緑のコントラストも美しいひと皿。

材料 — 2人分

トマト	小2個
にんにく	1/2片
パセリ（葉の部分）	1/2束分
オリーブオイル	大さじ3
生パン粉	50g
塩	適量
こしょう	適量

作り方

1. トマトはへたと下から約5mmを切り落とし、横半分に切って耐熱皿に並べる。

2. すり鉢ににんにくと塩を入れ、すりこぎでペースト状になるまですりつぶす。パセリとオリーブオイル（大さじ1）を加えて、さらにすりこぎでペースト状になるまですりつぶす。

3. 2に生パン粉の1/3を加えて全体が緑色になるまですりこぎで混ぜる。残りのパン粉を2回に分けて加え、ゴムベラなどで全体が均一な緑色になるように混ぜる。最後に塩、こしょうをしっかりとふり、オリーブオイル（大さじ1）を加えて全体がなじむまで混ぜる。

4. トマトの上に塩、こしょうをふり、スプーンで3をたっぷり盛る。オリーブオイル（大さじ1）を全体にふりかける。220℃のオーブンで約10分、上面に軽く焼き色がつくまで焼く。

ワンポイント：フライパンを強火にかけ、トマトの断面をさっと焼くとより香りが引き立つ。

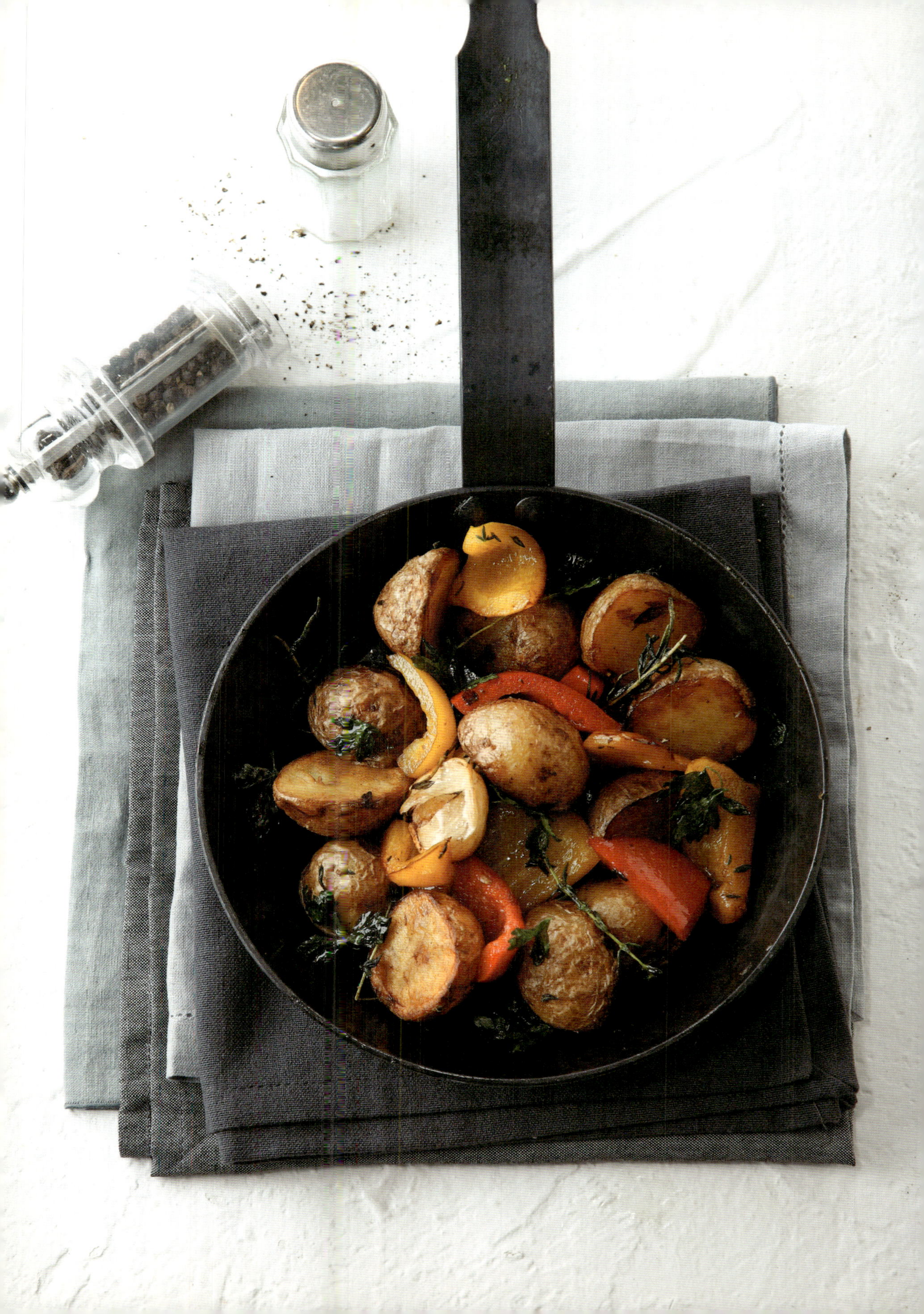

ACCOMPAGNEMENT

GHT
POMMES DE TERRE RÔTIES & POIVRONS

ポテトとパプリカのロースト

じっくりと引き出される野菜の旨味。一日のスタートにたっぷりと。

材料 — 2人分

新じゃがいも	250g
岩塩	適量
赤パプリカ	1/4個
黄パプリカ	1/4個
オリーブオイル	大さじ2
にんにく	1片
バター	10g
ローズマリー	1枝
タイム	2枝
イタリアンパセリ（葉の部分）	2枝分
塩	適量
こしょう	適量

作り方

1. 新じゃがいもは皮をむかずに岩塩でこすりながら洗い、半分に切る。赤・黄パプリカは縦半分に切り、さらに横3等分に切る。

2. ココットなどふた付きの鍋を強火にかけ、オリーブオイルをひく。鍋がしっかり熱くなったら、皮付きのまま軽くつぶしたにんにくとじゃがいもを入れ、じゃがいもの表面に焼き色をつける。ふたをして中火にし、途中で焦げつかないように混ぜながら約10分焼く。

3. 2に塩をふり、バター、ローズマリー、タイム、パプリカを加え、さっと炒めたらふたをして中火で約5分、パプリカにもしっかり火が通るまで、途中で焦げつかないように混ぜながら焼く。

4. ふたをとってイタリアンパセリを加え、塩、こしょうで味をととのえる。イタリアンパセリに火が通ってパリっとなるまで焼く。

ワンポイント：新じゃがいもがない時期は、普通のじゃがいもの皮をむいて一口サイズに切って使う。

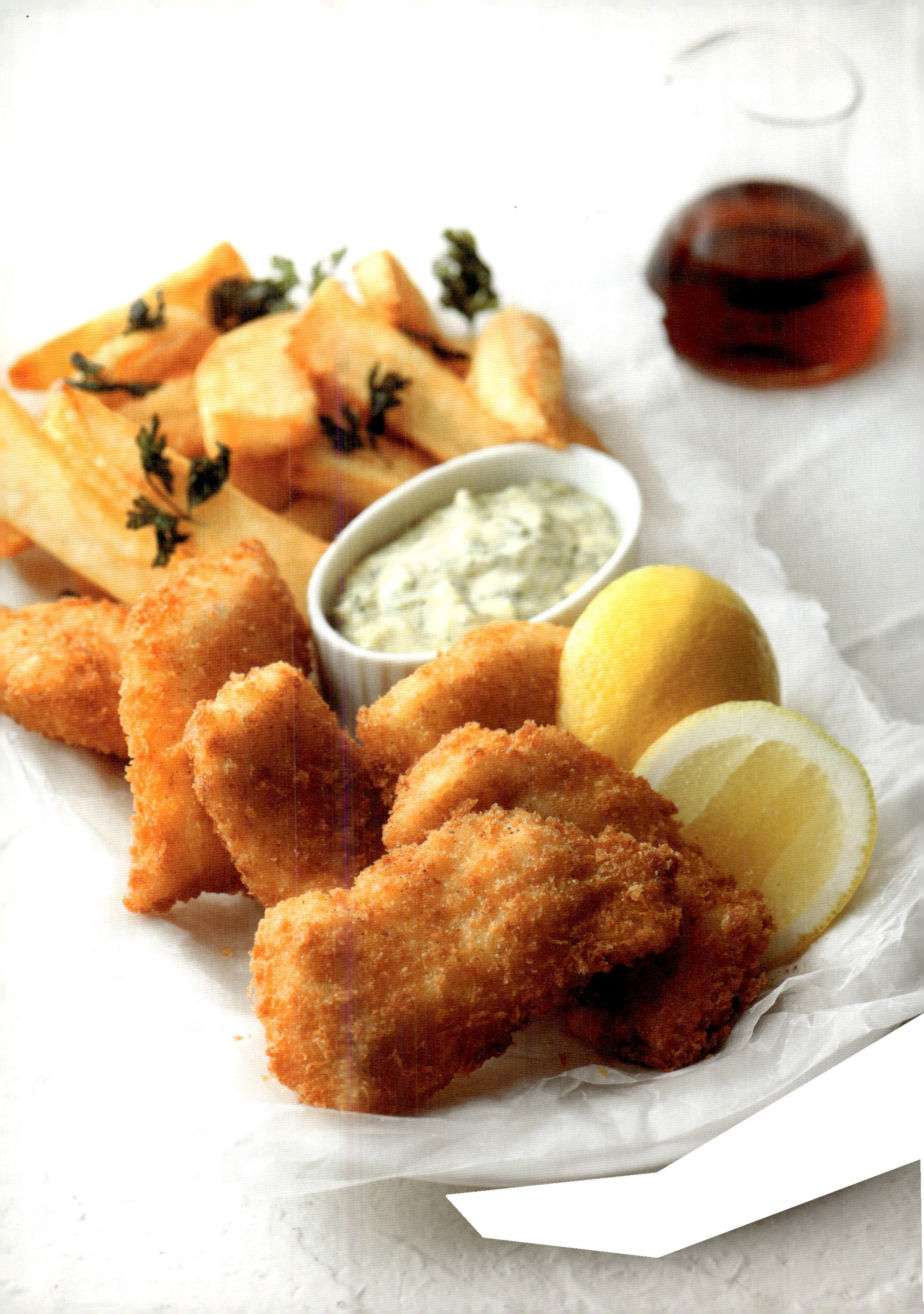

ACCOMPAGNEMENT

GHT
FISH & CHIPS
フィッシュ&チップス

ふっくら、しっとりと揚がったタラに特製タルタルソースをあわせて。

材料 — 2人分

たら（さく） — 180g	レモン — 1個	オリーブオイル — 150cc
じゃがいも — 200g(中2個)	塩 — 適量	A: ケッパー — 大さじ2
小麦粉 — 25g	こしょう — 適量	コルニション — 4本
卵 — 1個	モルトビネガー — 適量	イタリアンパセリ(葉の部分) — 6枚分
オリーブオイル — 小さじ1/2	○ タルタルソース（作りやすい量）	チャービル(葉の部分) — 6枚分
生パン粉 — 100g	ゆで卵 — 1個	赤ワインビネガー — 大さじ1
揚げ油 — 適量	卵黄 — 1個分	塩 — 適量
イタリアンパセリ(葉の部分) — 2枝分	マスタード — 大さじ1	こしょう — 適量

作り方

1. たらは皮を取り、厚さ約2cmに切る。じゃがいもは皮をむいて8等分のくし形に切る。バットを3つ用意し、1つ目のバットに小麦粉、塩、こしょうを入れて混ぜる。2つ目のバットに卵とオリーブオイル、塩、こしょうを入れてよく混ぜる。3つ目のバットに生パン粉を入れる。

2. たらを1の小麦粉のバットに入れてまんべんなくまぶし、余分をはたく。次に卵のバットに入れてまんべんなくまぶし、卵をよくきる。最後に生パン粉のバットに入れてまんべんなくまぶし、両手で押すようにしてしっかりつける。

3. タルタルソースを作る：ゆで卵（ゆで時間：約12分）は黄身と白身を分け、黄身は包丁を寝かせてつぶし、白身はみじん切りにする。ボウルにゆで卵の黄身、卵黄、マスタード、塩を入れて泡立て器で混ぜ、オリーブオイルを少しずつ加えながらしっかり混ぜる。**A**をすべてみじん切りにして加える。さらに、ゆで卵の白身と赤ワインビネガーを加えてゴムベラなどで全体がなじむまで混ぜ、塩、こしょうで味をととのえる。

4. じゃがいもを150℃の油で3〜4分揚げたらいったん油からあげ、さらに180℃の油で約3分揚げる。カリっと揚がったらキッチンペーパーを敷いたバットにあげ、塩、こしょうをふる。**2**のたらを180℃の油で2〜3分揚げ、きつね色になったらキッチンペーパーを敷いたバットにあげ、塩、こしょうをふる。

5. **4**の油でイタリアンパセリをさっと揚げ、キッチンペーパーを敷いたバットにあげる。たらとじゃがいもを皿に盛りつけ、イタリアンパセリをちらす。レモン、タルタルソースを添え、お好みでモルトビネガーをかける。

ワンポイント：たらを牛乳でマリネしておいてから作ると、よりしっとりと仕上がる。

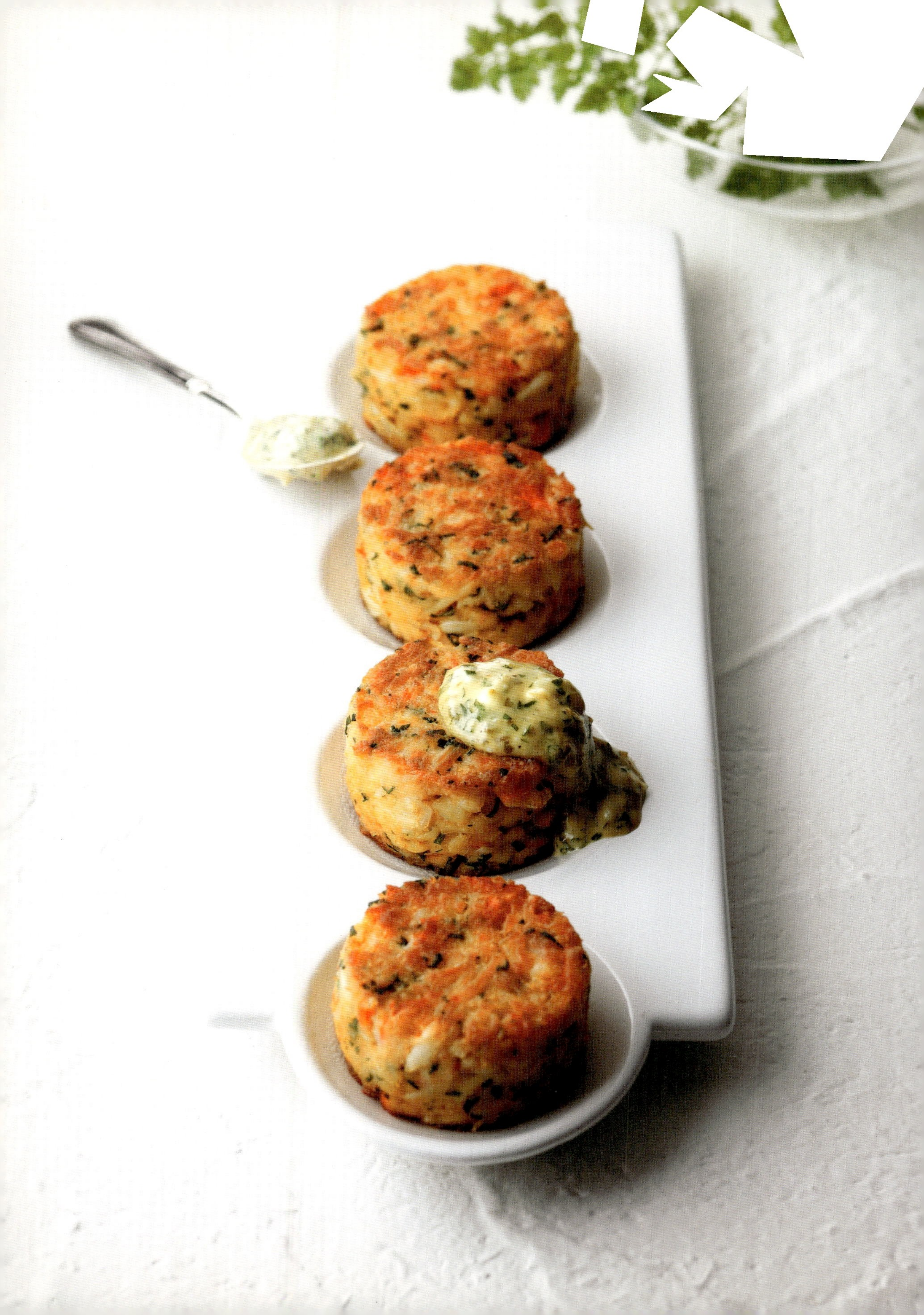

ACCOMPAGNEMENT

GHT
CRABE CAKE, SAUCE TARTARE
クラブケーキ タルタルソース

やさしく豊かな味わいがぎゅっと詰まった
愛らしい海のケーキ。

材料 — 2人分

カニ（むき身）	—	200g
イタリアンパセリ（葉の部分）	—	4枝分
A { パン粉	—	10g
溶き卵	—	1個分
マヨネーズ	—	10g
マスタード	—	10g
タバスコ	—	適量
塩	—	適量
オリーブオイル	—	大さじ1
タルタルソース（P69参照）	—	適量

作り方

1. カニはほぐして軽くしぼり水気をきる。ボウルにカニ、みじん切りにしたイタリアンパセリ、**A**を入れて混ぜ、全体がなじんだら6等分にして、セルクル（直径5cm×高さ3cm）を使って押し固め、円柱型にする。ラップをして冷蔵庫で約1時間冷やす。

2. フライパンを中火で熱してオリーブオイルをひき、**1**を並べて片面だけを約2分焼いて軽く焼き色をつけたら、ふたをして弱火で約3分焼く。

3. クラブケーキをひっくり返し、再びふたをして弱火で約3分焼き、両面がカリッと焼けたら皿に並べ、タルタルソースをかける。

ワンポイント：セルクルがなければ、分けずにひとまとめにして約2cmの厚さにととのえて焼き、ケーキのように切り分けてもよい。

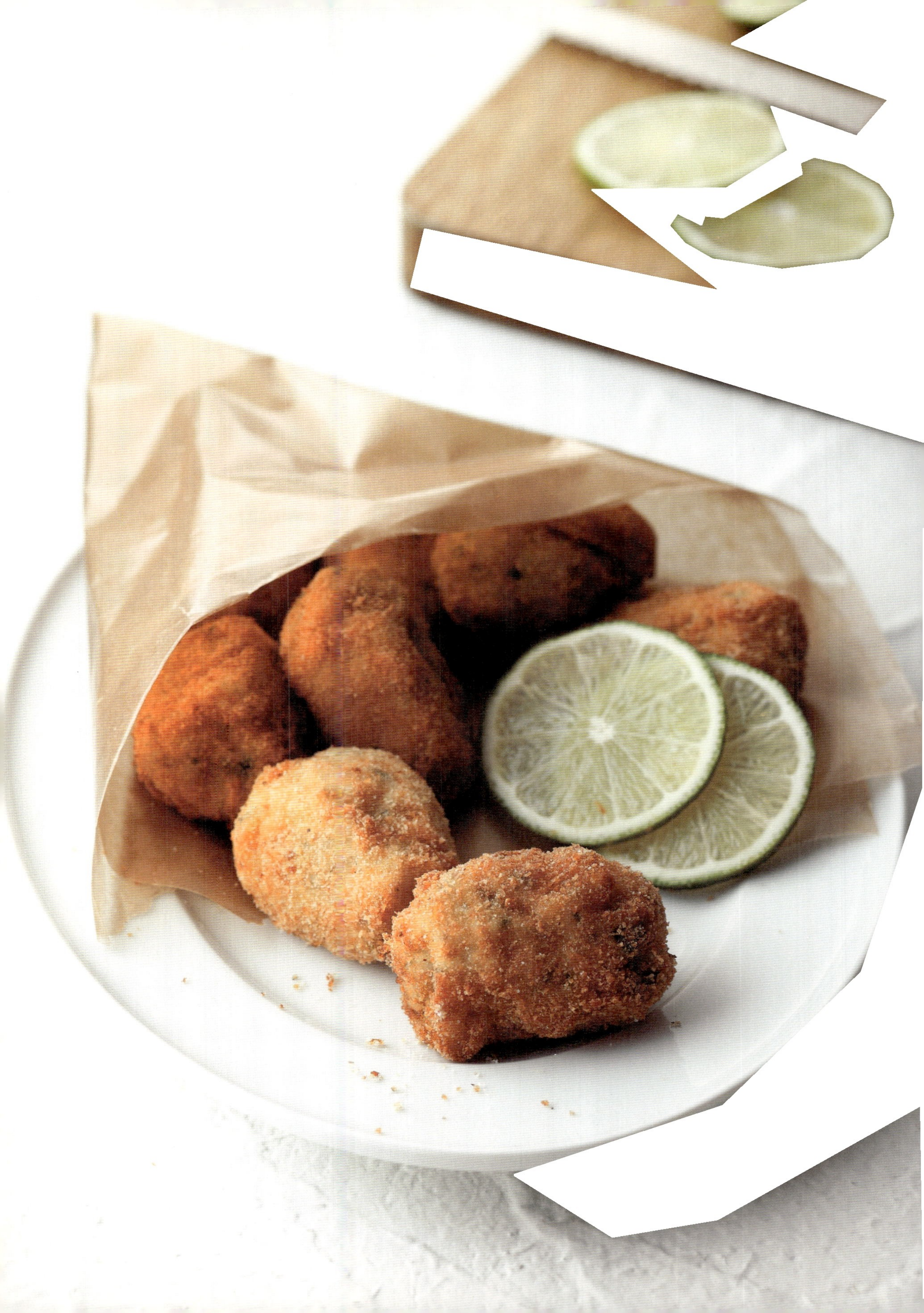

ACCOMPAGNEMENT

CROQUETTES DE BRANDADE
ブランダードクロケット

南仏の伝統料理を一口サイズのクロケットに。
ついつい手が伸びてしまうおいしさ。

材料 — 2人分

たら（さく） — 200g	卵白 — 1個分
じゃがいも — 200g（中2個）	乾燥パン粉（細かいもの） — 50g
にんにく — 2片	揚げ油 — 適量
タイム — 2枝	ライム — 1/2個
オリーブオイル — 大さじ1	塩 — 適量
イタリアンパセリ（葉の部分） — 6枝分	こしょう — 適量

作り方

1. たらは皮を取り、2つに切る。全体に塩を多めにふってラップに包み、冷蔵庫で約30分置いておく。水でよく洗い流し、キッチンペーパーで水分を拭き取ってからそれぞれ4等分に切る。

2. 鍋に水（分量外）と塩を入れ、皮付きのじゃがいも、皮付きのにんにく、タイムを入れて水から約30分ゆでる。じゃがいもがやわらかくなったら取り出し、熱いうちにじゃがいもとにんにくの皮をむく。

3. 鍋の水とタイムを捨て、2のじゃがいもとにんにくを入れてゴムベラなどでつぶす。たらを入れ、弱火にかけながら混ぜる。たらの水分がとんで繊維がほぐれ、全体がひとまとまりになるまで混ぜ続け、火からおろす。

4. 3にオリーブオイルとあらみじん切りにしたイタリアンパセリを加え、塩、こしょうをふってよく混ぜる。バットなどに移してあら熱がとれたら、ラップをして冷蔵庫で約1時間冷やす。

5. バットを2つ用意する。1つ目のバットに卵白と塩を入れてよく混ぜる。2つ目のバットにパン粉を入れる。4のたねを10等分して軽く丸め、卵白とパン粉のバットに順に入れて、それぞれまんべんなくまぶす。

6. 180℃の油で約2分揚げ、きつね色になったらキッチンペーパーを敷いたバットにあげて塩、こしょうをふる。皿に盛り、ライムを添える。

ワンポイント： たねはコーンスターチ（分量外）をつけてから、卵白、パン粉の順につけるとカリカリに仕上がる。

ACCOMPAGNEMENT

ÉPINARDS SAUTÉS AUX OLIVES & NOISETTES
ほうれん草のソテー オリーブとヘーゼルナッツ

香り使いのテクニックでスペシャルに。ワンランク上の深い味わい。

材料 — 2人分

ほうれん草（葉の部分） —— 2束分	にんにく —— 1片	塩 —— 適量
ヘーゼルナッツ —— 30g	バター —— 20g	こしょう —— 適量
ブラックオリーブ（種なし）—— 10粒	ヘーゼルナッツオイル —— 小さじ2＋適量	

作り方

1. ヘーゼルナッツは鉄板に広げて180℃のオーブンで4〜5分、香ばしくなるまで焼き、半分程度になるように包丁で砕く。オリーブは4等分に切る。にんにくは皮をむき、フォークに刺す。

2. フライパンを中火にかけ、バターを入れる。バターが溶けてうっすら茶色に色づき、ナッツのような香りがしてきたらほうれん草を入れる。塩をふり、にんにくを刺したフォークで約30秒ソテーする。

3. ほうれん草が少ししんなりしたらヘーゼルナッツとオリーブを加え、引き続きにんにくを刺したフォークで約30秒ソテーする。全体が温まったらヘーゼルナッツオイル（小さじ2）を加えてこしょうをふって混ぜ合わせ、皿に盛る。お好みでこしょうとヘーゼルナッツオイルをふる。

SOUPE
スープ

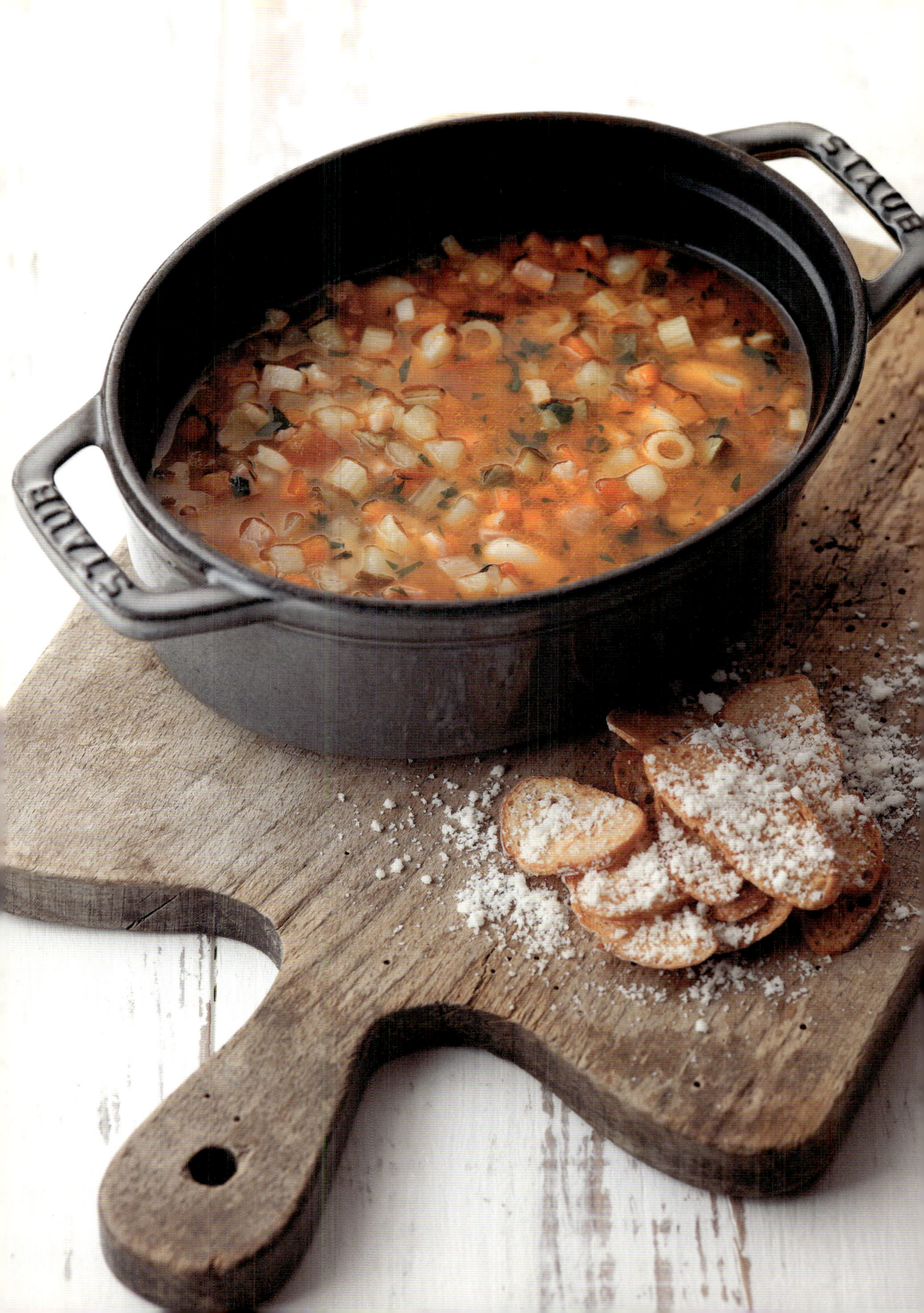
STAUB
STAUB

SOUPE

GHT
MINESTRONE
ミネストローネ

たっぷり野菜の旨味とベーコンのコクを丹念に引き出して。

材料 — 4人分

	白いんげん豆（乾燥）	25g	
	にんじん	1/2本	
A	玉ねぎ	1/2個	
	セロリ（茎）	1本	
	ベーコン（ブロック）	100g	
	じゃがいも	1/2個	
	ズッキーニ	1/2本	
	トマト	1個	
	オリーブオイル	大さじ3	
	にんにく	1片	
	タイム	2枝	
	水	750cc	
	ブイヨンパウダー	小さじ1	
	ショートパスタ	20g	
	イタリアンパセリ（葉の部分）	2枝分	
	バジル	2枚	
	パルメザンチーズ	適量	
	バゲット	適量	
	塩	適量	
	こしょう	適量	

作り方

1. 白いんげん豆はひと晩水に漬けて戻しておく。小鍋に水（分量外）を沸かして、白いんげん豆を弱火で約30分煮る。やわらかく煮えたらゆで汁に入れたまま置いておく。**A**はすべて約5mm角に切る。トマトは約1cm角に切る。

2. 鍋を中火にかけ、オリーブオイルをひく。皮付きのまま軽くつぶしたにんにくを入れ、にんじん、玉ねぎ、セロリを入れて炒める。2〜3分炒めて火が通ってきたら、ベーコンとタイムを加えて塩をふり、約5分炒める。さらにじゃがいもとズッキーニを加えて約2分炒める。

3. 全体に火が通ったら、水を沸かして加え、トマトとブイヨンパウダーを加えて強火で沸騰させ、弱火にして約20分煮る。別の鍋で野菜と同じサイズくらいのお好みのショートパスタをゆでる。マカロニやペンネをゆでて短く切ってもよい。

4. スープの野菜が煮えたら、みじん切りにしたイタリアンパセリとバジル、ゆで汁から出した白いんげん豆、パスタを加えて塩、こしょうで味をととのえ、器に注ぐ。パルメザンチーズをふりかける。薄く切ったバゲットを焼いて添えてもよい。

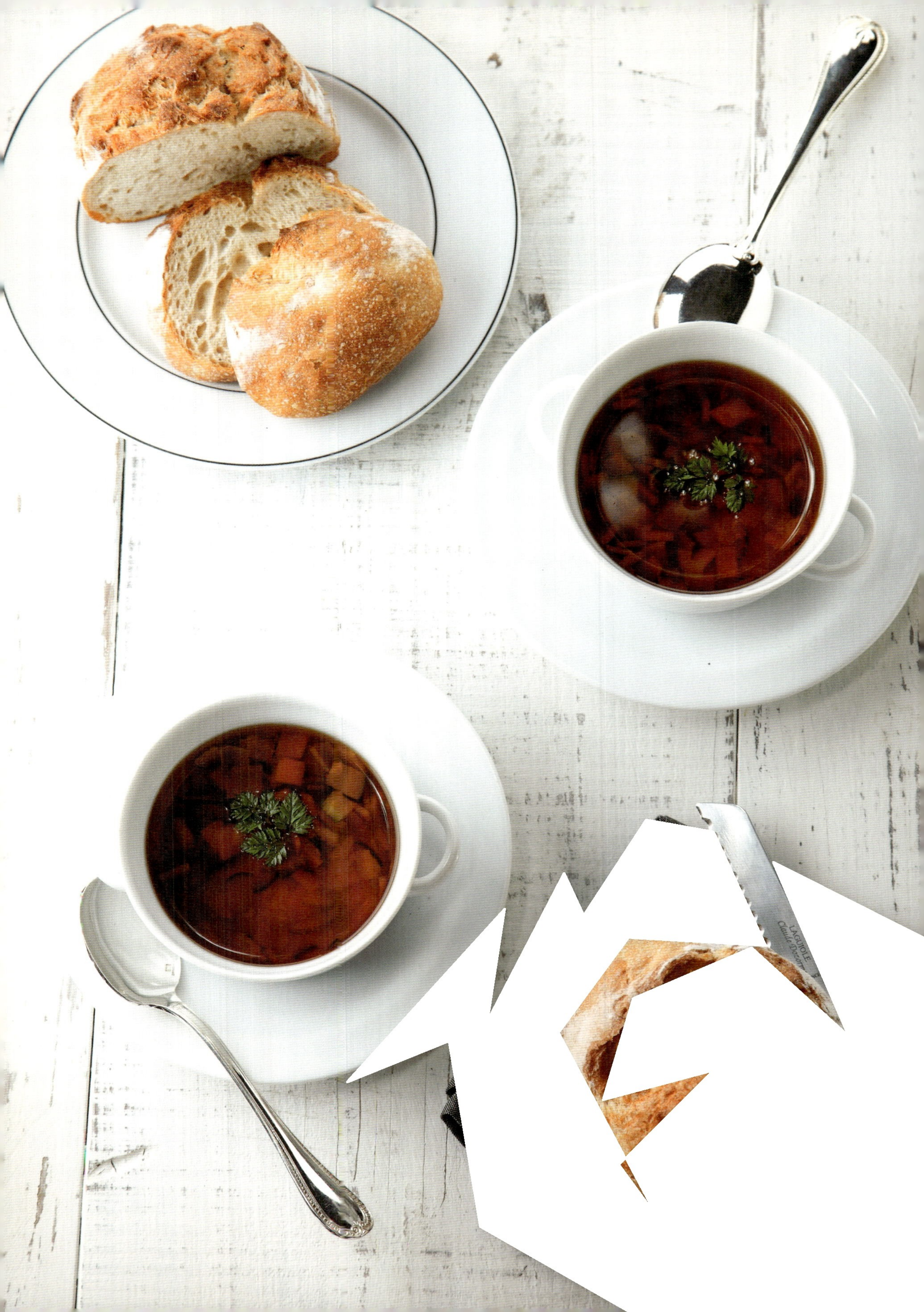

SOUPE

CONSOMMÉ DE BŒUF AUX LÉGUMES
野菜のビーフコンソメ

丁寧に仕上げてこその完成された味。圧倒的な旨味に癒される美しきスープ。

材料 — 4人分

○ ブイヨン

A
- 牛バラかたまり肉 — 500g
- 牛すじかたまり肉 — 600g
- 水 — 3ℓ

B
- 玉ねぎ（皮をむいた状態） — 2個
- セロリ（茎） — 1/2本
- ポロネギ — 1/4本
- 粒黒こしょう — 20粒

C
- 岩塩 — 適量
- ブーケガルニ — 1個
- ブイヨンパウダー — 小さじ3

○ クラリフィカシヨン用

D
- にんじん — 1/2本
- セロリ（葉） — 1本分
- ポロネギ — 1/2本

E
- 牛ミンチ — 150g
- 卵白 — 2個分
- クラッシュアイス — 大さじ5

○ 浮き実

F
- にんじん — 20g
- セロリ（茎） — 20g
- ズッキーニ — 20g
- だいこん — 20g
- ポロネギ — 20g

チャービル（葉の部分） — 適量

作り方

1. ブイヨンを作る：**A** は約5cm角に切り、大きな鍋で水から強火でゆでる。あくを取りのぞいたら、**B** をすべてそのまま入れ、**C** を加える。沸騰したら弱火にして約6時間煮込み、網でこす。

2. D はフードプロセッサーにかけて細かいみじん切りにする。ボウルに移し、**E**を加えて泡立て器でしっかり混ぜる。

3. 1 を鍋に入れて中火にかけ、**2** を入れる。**2** が水面全体に浮いていて、その下でスープが静かに沸騰している状態を保つよう弱火に調節する。混ぜずに約15分加熱してスープが澄んだ状態になったら火からおろし、スープだけをお玉でそっとすくってキッチンペーパーでこす。

4. 浮き実の **F** をすべて約1cm角の色紙切りにする。**3** のスープを鍋に入れて中火で沸かし、浮き実を入れて約5分煮る。浮き実をすくって器に入れ、スープを注ぐ。チャービルを浮かせる。

ワンポイント：クラリフィカシヨンとは、不純物を取りのぞいてスープを澄ますフィルターになるもののこと。余ったビーフコンソメは他のスープやリゾットなどを作る際のブイヨン（だし汁）として使ってもよい。

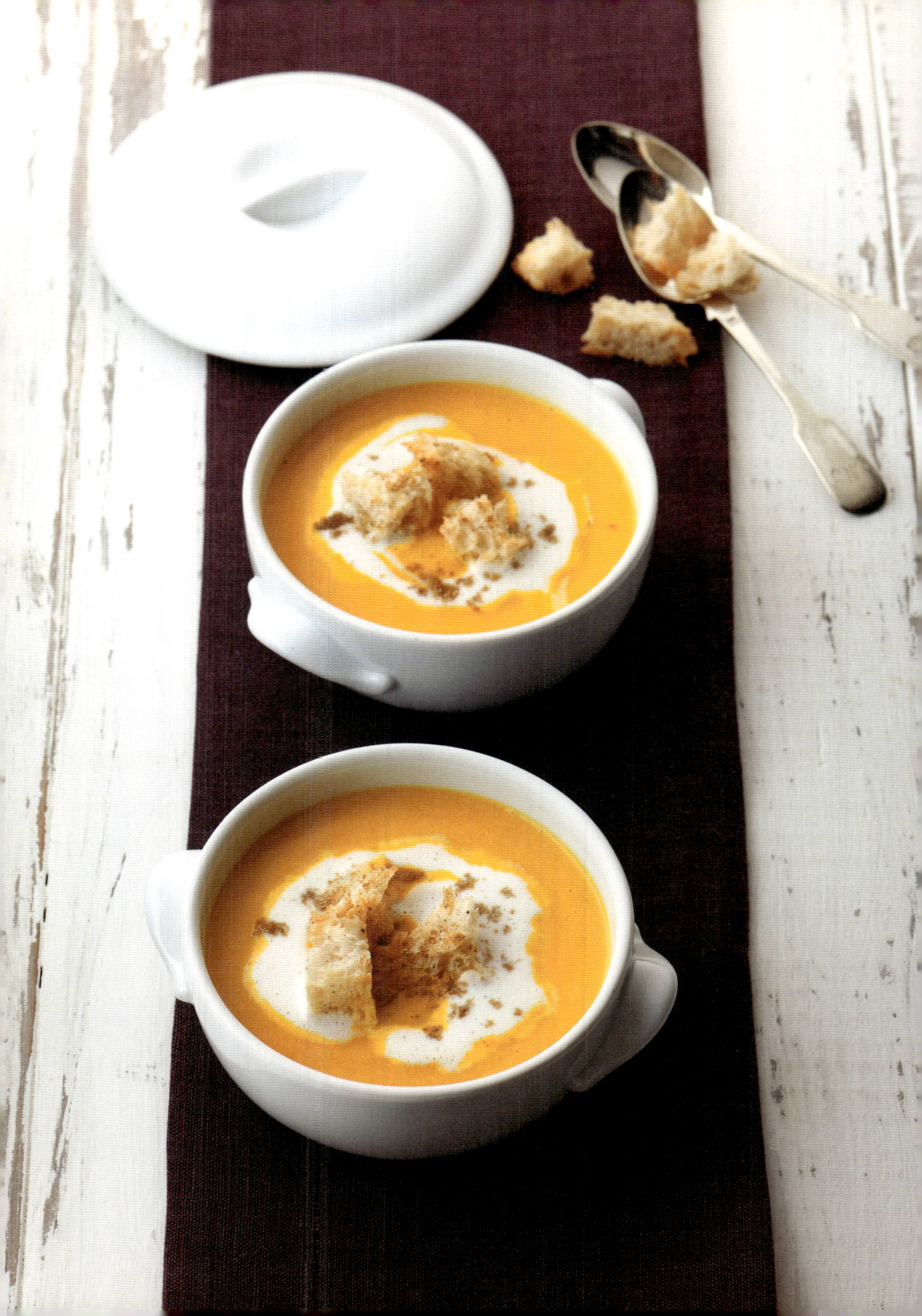

SOUPE

VELOUTÉ DE CAROTTES AU CUMIN
にんじんのポタージュ クミンの香り

深く広がる味わいとクミンの芳香がマッチ。
思わずおかわりしたくなるおいしさ。

材料 — **4**人分

にんじん	500g
じゃがいも	100g
にんにく	1片
バター	50g
クミンパウダー	小さじ2＋適量
水	1ℓ
ブイヨンパウダー	小さじ2
生クリーム	大さじ4＋適量
クルトン	適量
塩	小さじ1

作り方

1. にんじんとじゃがいもは皮をむいて厚さ約5mmのいちょう切りにする。にんにくは皮付きのまま軽くつぶす。

2. ココットなどふた付きの鍋を弱火にかけ、バターを入れる。バターが泡立ってきたらにんにくとクミンパウダー（小さじ2）を加え、焦がさないようにしながら香りを出す。

3. 2に、にんじんと塩を入れ、中火で約3分炒める。にんじんにある程度火が通ったらじゃがいもを加え、さっと混ぜたら、沸かした水とブイヨンパウダーを加えて強火で沸騰させ、ふたをして弱火で約20分煮る。

4. 野菜がやわらかくなったら火からおろしてにんにくを取り出し、ミキサーに入れて生クリーム（大さじ4）を加え、なめらかになるまでしっかり撹拌し、器に注ぐ。泡立てた生クリーム、クルトン、クミンパウダーをトッピングする。

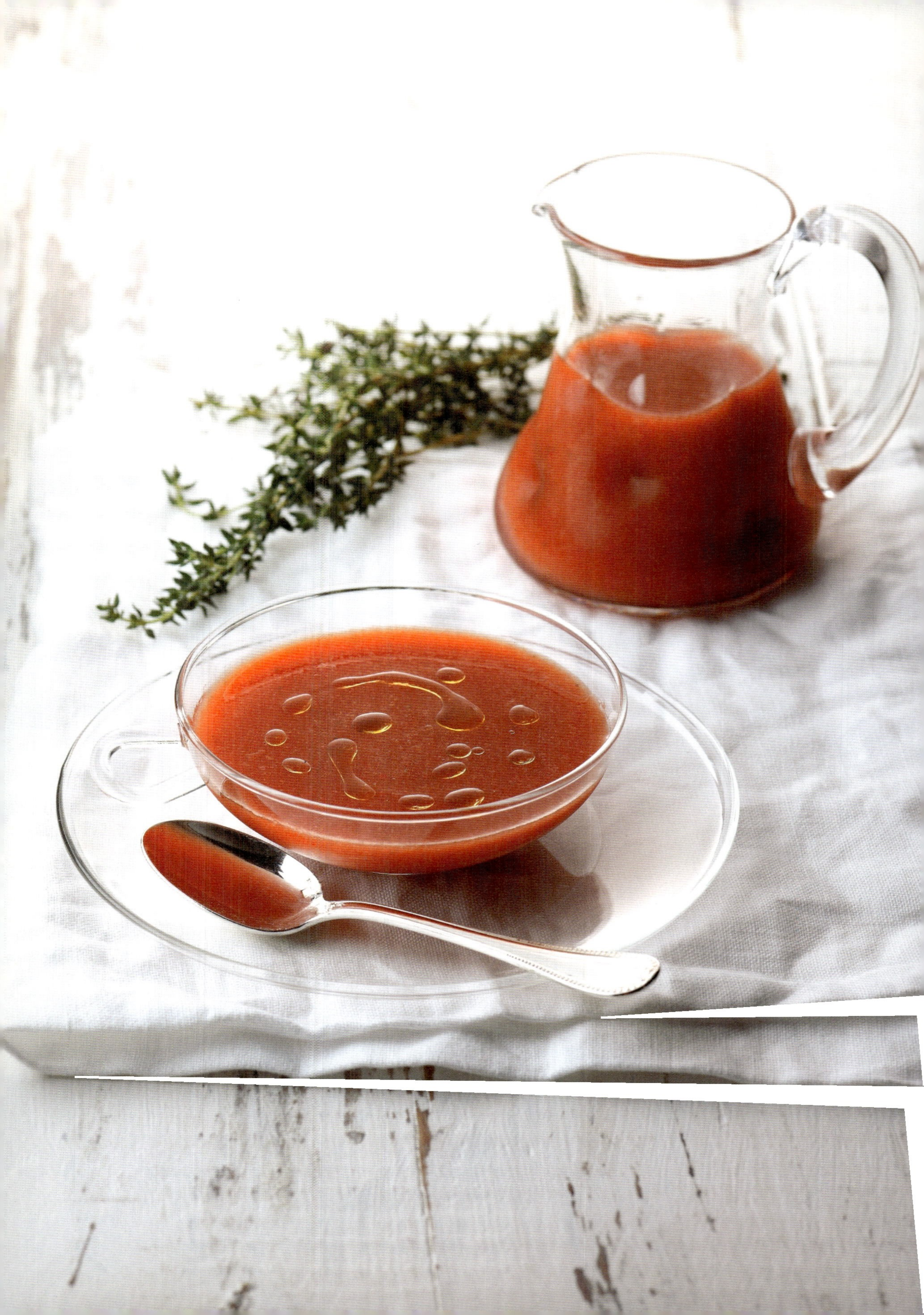

SOUPE

GASPACHO AUX TOMATES
トマトのガスパチョ

ひと手間が生み出す"すっきり、まろやか"。
朝の体に心地よく染み渡る。

材料 ― 4人分

A			B		
	トマト	250g		オリーブオイル	大さじ1
	キュウリ	50g		赤ワインビネガー	小さじ1/2
	赤パプリカ	40g		タバスコ	適量
	玉ねぎ	20g		塩	適量
	にんにく	1/4片		オリーブオイル	適量
	食パン(耳なし)	10g			
	トマトジュース	370cc			
	水	120cc			

作り方

1. **A**はすべて約2cm角、玉ねぎは約5mm角に切る。にんにくは皮をむき、薄切りにする。食パンは約2cm角に切る。

2. ボウルにトマトジュースと水を入れ、**1**の食材をすべて入れてひたし、ラップをして冷蔵庫で約12時間マリネする。

3. **2**をミキサーに入れ、なめらかになるまでしっかり撹拌したら網でこし、**B**で味をととのえ、ラップをして冷蔵庫で冷やしたら器に注ぐ。お好みでオリーブオイルをたらす。

ワンポイント：長時間しっかりマリネすることで、まろやかな味わいに。

SOUPE

GASPACHO DE CONCOMBRE & YAOURT

キュウリとヨーグルトのガスパチョ

キュウリとミントのフレッシュな香り。酸味とのほどよいバランスを楽しんで。

材料 — 4人分

キュウリ	300g+適量	ミント	10枚+適量	レモンの皮	1/4個分
セロリ（茎）	50g	水	100cc	生クリーム	適量
ヨーグルト（無糖）	150g	オリーブオイル	大さじ1	塩	適量

作り方

1. キュウリ（300g）とセロリは小さめのざく切りにする。

2. 1とヨーグルト、ミント（10枚）、水、オリーブオイルをミキサーに入れる。おろし金でレモンの皮の黄色い部分を削って入れ、なめらかになるまでしっかり撹拌し、塩で味をととのえ、ラップをして冷蔵庫で冷やしたら器に注ぐ。

3. キュウリとミントを紐切りにして混ぜたもの、泡立てた生クリーム、ミント（葉）をトッピングする。

DESSERT
デザート

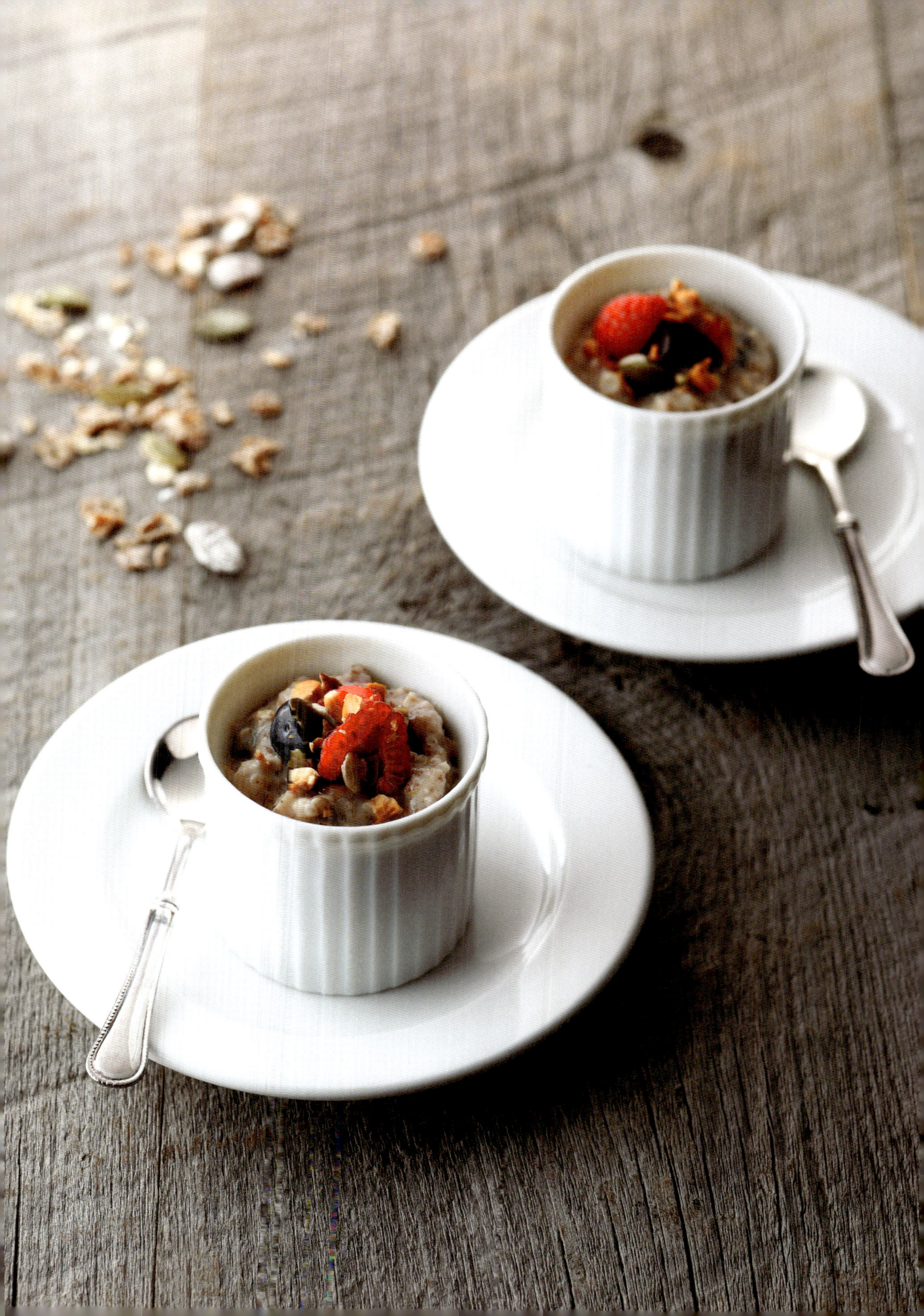

DESSERT

GHT

MUESLI
ミューズリー

3種のベリーと穀物の旨味。
栄養たっぷりのやさしい一品。

材料 — 2人分

ヘーゼルナッツ	5g	牛乳	100cc
くるみ	5g	ミューズリー（無糖）	50g
ひまわりの種	5g	A ┌ ヨーグルト（無糖）	50g
かぼちゃの種	5g	├ はちみつ	大さじ1
ブルーベリー	6粒	├ オレンジジュース	25cc
ラズベリー	3粒	└ りんご（すりおろし）	25g
いちご	1個		

作り方

1. ヘーゼルナッツ、くるみ、ひまわりの種、かぼちゃの種はローストし、ヘーゼルナッツとくるみはあらく刻む。

2. ブルーベリーは半分、ラズベリーは4等分に切り、いちごはへたを取り、他のベリー類と同じくらいの大きさに切る。

3. 鍋に牛乳を入れて中火で沸騰させ、ミューズリーと1の材料をすべて加えて弱火にし、ゴムベラで混ぜる。約2分混ぜながら煮て、具材が牛乳を吸ったらボウルに移し、あら熱がとれるまでしっかりと冷ます。

4. 3にAを加えて混ぜる。さらにブルーベリー、ラズベリー、いちごを加えて混ぜ、ラップをして冷蔵庫で約1時間冷やしたら器に盛る。

ワンポイント：酸味を飛ばさないために、ヨーグルトは必ず冷めたところに加える。酸味が足りなければレモン汁（分量外）を加えてもよい。

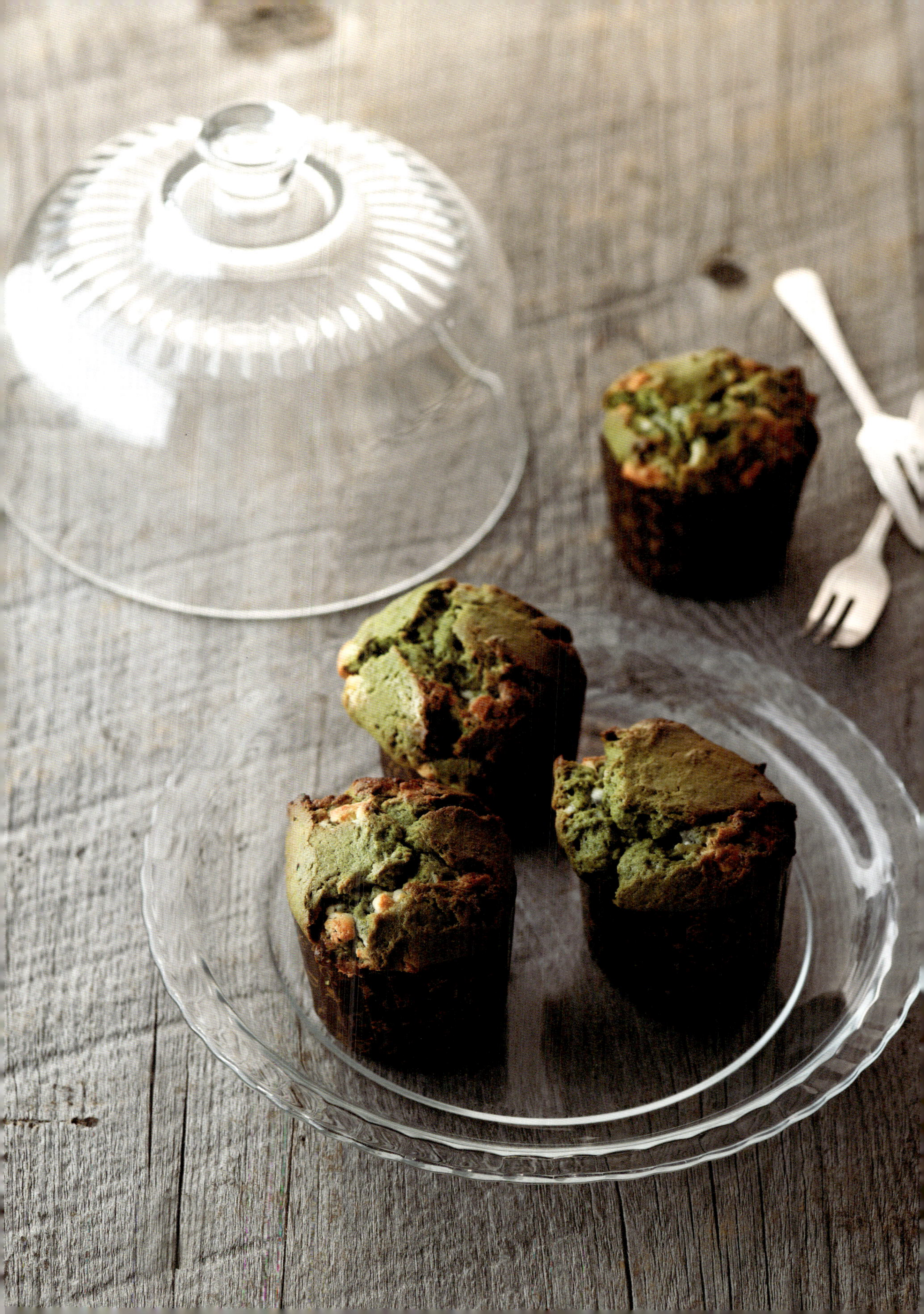

DESSERT

MUFFIN MATCHA & CHOCOLAT BLANC
抹茶とホワイトチョコレートのマフィン

ホワイトチョコレートの甘みが
抹茶のほろ苦さと香りを引き立てる。

材料 ― 直径5cm×高さ4.5cmのマフィン型 8個分

溶き卵	90g（卵約1.5個分）
牛乳	100cc
バター	120g
A ┌ 小麦粉	200g
│ グラニュー糖	150g
│ 抹茶パウダー	30g
│ アーモンドパウダー	25g
│ ベーキングパウダー	4g
└ 塩	3g
ホワイトチョコレート（製菓用）	100g

作り方

1. ボウルに溶き卵、牛乳を入れ、溶かしたバターを入れて泡立て器でよく混ぜる。

2. 別のボウルに A を入れて泡立て器で混ぜる。1 を少しずつ加えながら混ぜる。

3. 2 の全体がなじんだら、約1cm角に切ったホワイトチョコレートを加えてゴムベラで混ぜる。

4. マフィン型に 3 の生地を8分目くらいまで入れ、180℃のオーブンで約20分、竹串を刺して生の生地がついてこなくなるまで焼く。焼き上がったら、ケーキクーラーの上などで冷ます。

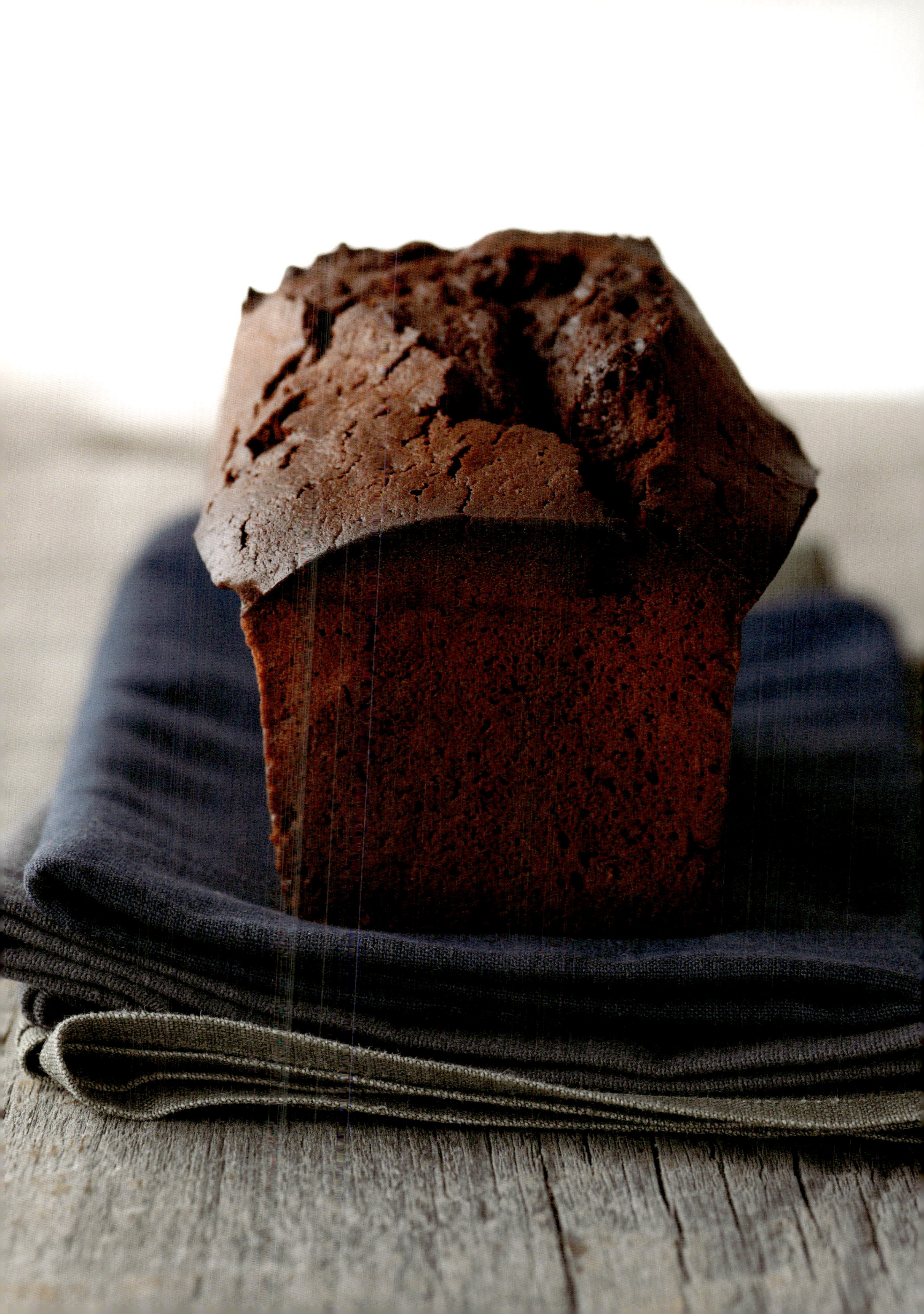

DESSERT

CAKE AU CHOCOLAT
チョコレートケーキ

こだわりの素材をシンプルに。
チョコレートの芳味を存分に味わって。

材料 —パウンド型 幅21cm×奥行8cm×高さ6cm 1台分

小麦粉	80g
ベーキングパウダー	3g
チョコレート（カカオ70%）	170g
卵	4個
グラニュー糖	110g
バター	110g

作り方

1. 小麦粉とベーキングパウダーをあわせてふるいにかける。

2. チョコレートは湯せんで溶かす。

3. ボウルに卵とグラニュー糖を入れ、グラニュー糖が溶けてなじむまで泡立て器でよく混ぜる。さらに溶かしたバターと **2** のチョコレートを加えて全体がなじむまで混ぜる。

4. **3** に **1** の粉を加え、ゴムベラで全体がなじむまで混ぜる。

5. パウンド型の内側にバター（分量外）を塗り、8分目くらいまで **4** の生地を流し入れる。160℃のオーブンで約45分、竹串を刺して生の生地がついてこなくなるまで焼く。焼き上がったら型から外し、ケーキクーラーの上などで冷ます。

ワンポイント：冷蔵庫で冷やしてから食べるとしっとりした食感に。

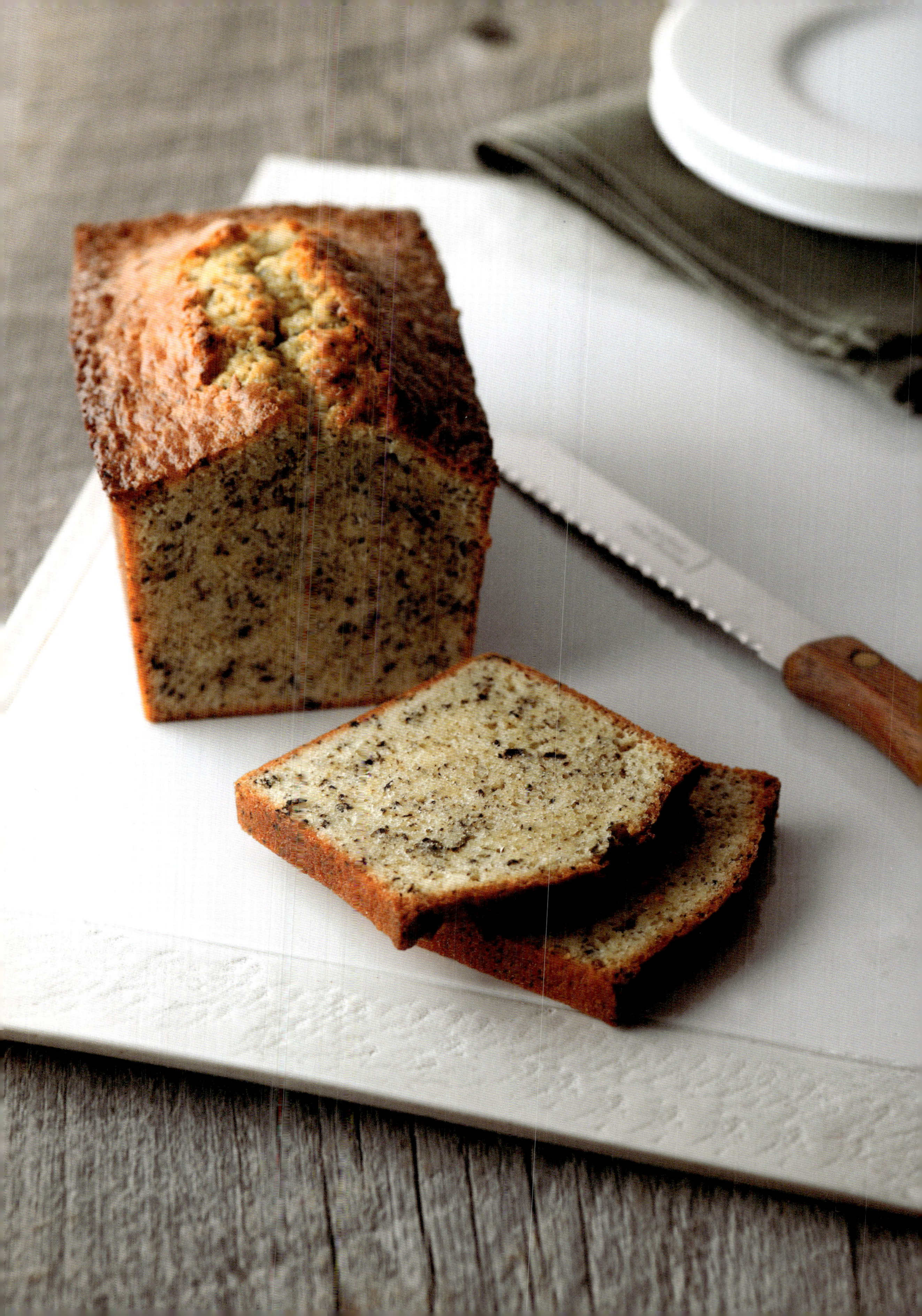

DESSERT

CAKE CITRON & EARL GREY
レモンとアールグレイのケーキ

レモンと紅茶の優雅なバランス。
ティータイムにも楽しみたいおいしさ。

材料 ― パウンド型 幅18cm×奥行8cm×高さ6cm 1台分

アールグレイ茶葉	8g
小麦粉	135g
ベーキングパウダー	2.5g
塩	2g
溶き卵	150g（卵約2.5個分）
グラニュー糖	175g
澄ましバター（P11参照）	50cc（バターは75g使用）
サワークリーム	75g
レモンの皮	1.5個分

作り方

1. アールグレイ茶葉をミルサーや包丁で細かくする。小麦粉とベーキングパウダーをあわせてふるいにかけ、塩を加える。

2. ボウルに溶き卵とグラニュー糖を入れ、グラニュー糖が溶けてなじむまで泡立て器でよく混ぜる。さらに、澄ましバター、サワークリーム、アールグレイ茶葉を加え、おろし金でレモンの皮の黄色い部分を削って入れ、混ぜる。

3. 2に1の粉を加え、ゴムベラで全体がなじむまで混ぜる。

4. パウンド型の内側にバター（分量外）を塗り、8分目くらいまで3の生地を流し入れる。160℃のオーブンで約45分、竹串を刺して生の生地がついてこなくなるまで焼く。焼き上がったら型から外し、ケーキクーラーの上などで冷ます。

ワンポイント：2～3日経ったケーキを食べる時は、トースターで焼くと香ばしくなる。

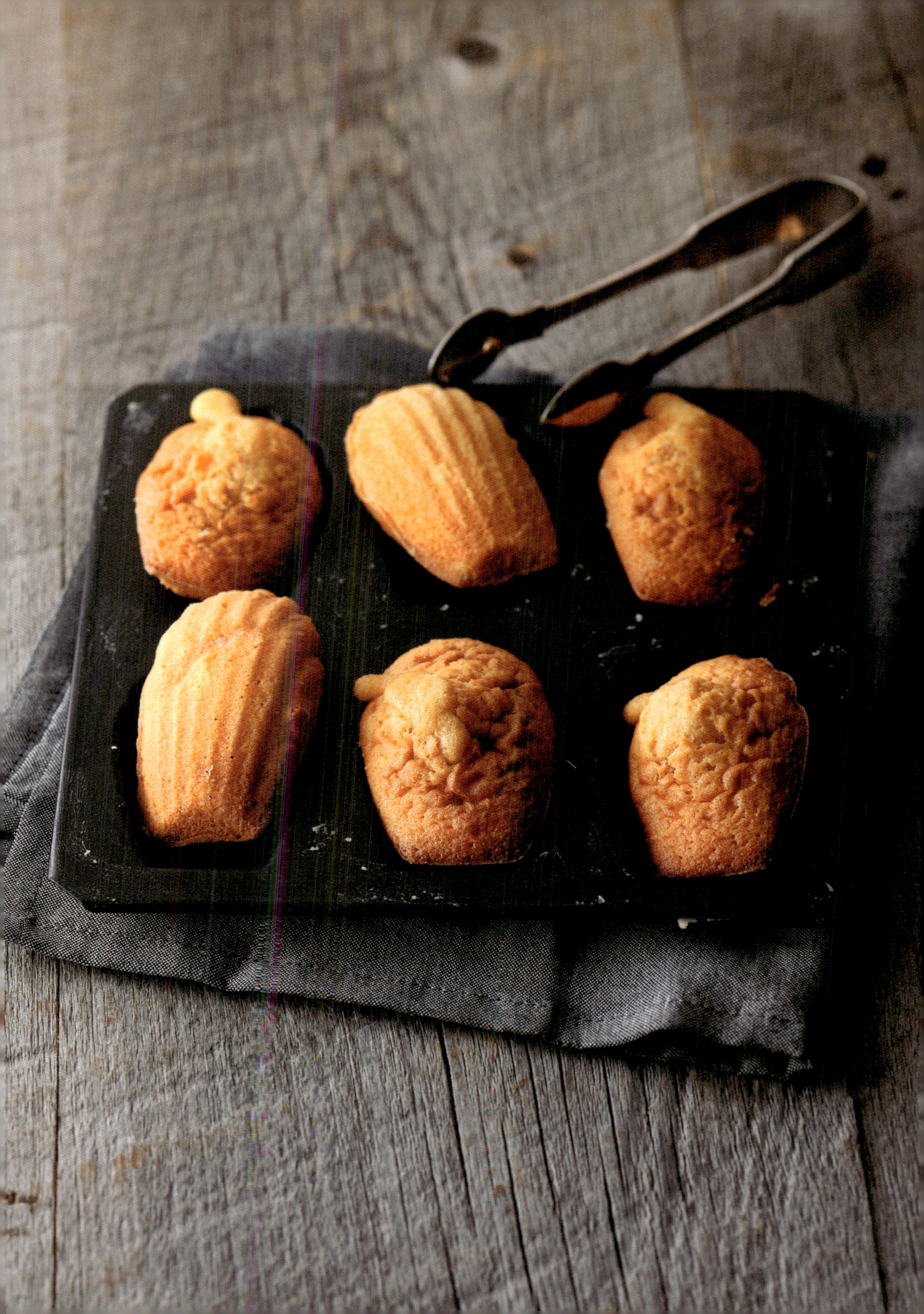

DESSERT

MADELEINE AU CARAMEL
キャラメルのマドレーヌ

キャラメルのやさしい甘さと香りが魅力の焼菓子。

材料 — 18個分

○ キャラメル（作りやすい量）
- 水飴 — 30g
- グラニュー糖 — 50g
- 生クリーム — 80cc
- バター — 6g

- 小麦粉 — 110g
- ベーキングパウダー — 2g
- 塩 — 2g
- A
  - 卵 — 2個
  - 卵黄 — 2個分
  - グラニュー糖 — 100g
- キャラメル — 50g
- バター — 130g

作り方

1. キャラメルを作る：鍋に水飴とグラニュー糖を入れて強火にかける。鍋をゆすりながら、中身が溶けて濃い茶色になるまで加熱する。火からおろして生クリームを加え、ゴムベラなどでよく混ぜる。さらにバターを加えてよく混ぜる。容器に移してあら熱をとる。

2. 小麦粉とベーキングパウダーをあわせてふるいにかけ、塩を加える。ボウルに **A** を入れ、グラニュー糖が溶けて白っぽくなるまで泡立て器でよく混ぜたら、粉を加えて混ぜる。

3. 2にキャラメル（50g）を加えて混ぜ、溶かしたバターを少しずつ加えながら全体がなじむまで混ぜる。ラップをして冷蔵庫で約12時間寝かせる。

4. マドレーヌの型にバター（分量外）を塗り、小麦粉（分量外）を薄くまぶして冷蔵庫で約30分冷やす。

5. 3の生地を4の型になみなみ入れる。210℃のオーブンで約2分焼き、そのままオーブンを切って約1分置いてから、180℃のオーブンで約3分、竹串を刺して生の生地がついてこなくなるまで焼く。焼き上がったら型から外し、ケーキクーラーの上などで冷ます。

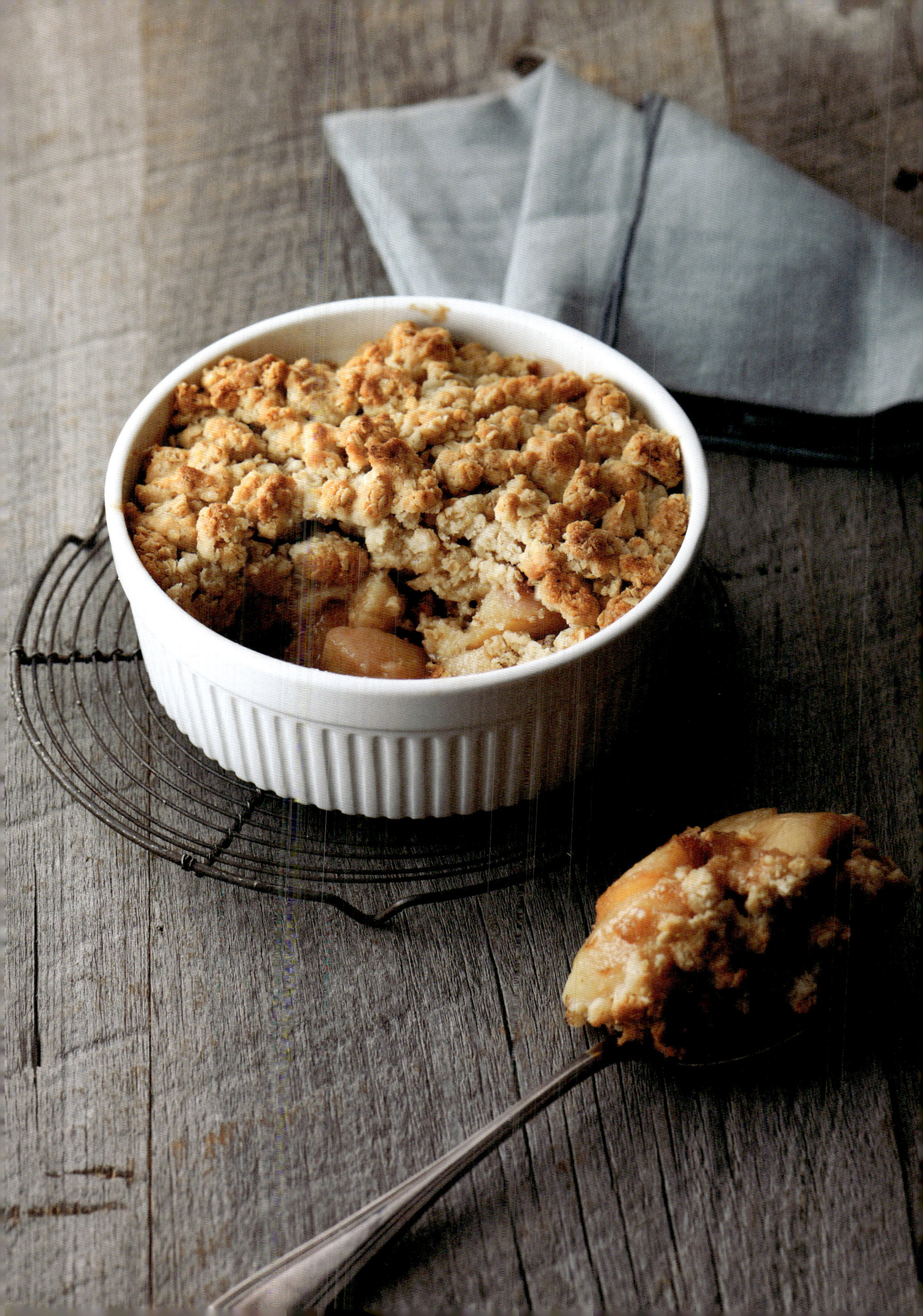

DESSERT

CRUMBLE AUX PÊCHES & AMANDES

ピーチとアーモンドのクランブル

シリアルとアーモンドの香ばしさが桃の甘さとよく合うデザート。

材料 — 2人分

桃	1個
アーモンド	25g
バター	12g
グラニュー糖	12g

○クランブル（作りやすい量）

A
- シリアル（無糖） 35g
- 小麦粉 35g
- アーモンドパウダー 25g
- グラニュー糖 25g

バター 50g

作り方

1. 桃は皮付きのまま半分に切り、種を取りのぞいて8等分のくし形に切ったら、さらに半分に切る。アーモンドは半分に切る。

2. フライパンを強火にかけてバターを入れ、溶けて泡立ってきたら桃を入れて中火にし、約2分ソテーする。グラニュー糖を加えて約2分、桃に半分程度火が通るまでソテーしたらアーモンドを加え、全体をなじませる。

3. クランブルを作る：ボウルに **A** を入れて手で混ぜ、室温に戻したバターを加えて大きなそぼろ状になるように手で混ぜる。

4. 耐熱皿に **2** を入れ、その上にクランブルを盛る。180℃のオーブンで約20分、上面に焼き色がつくまで焼く。

ワンポイント：クランブルが余ったら、丸めて焼いてクッキーにするとよい。

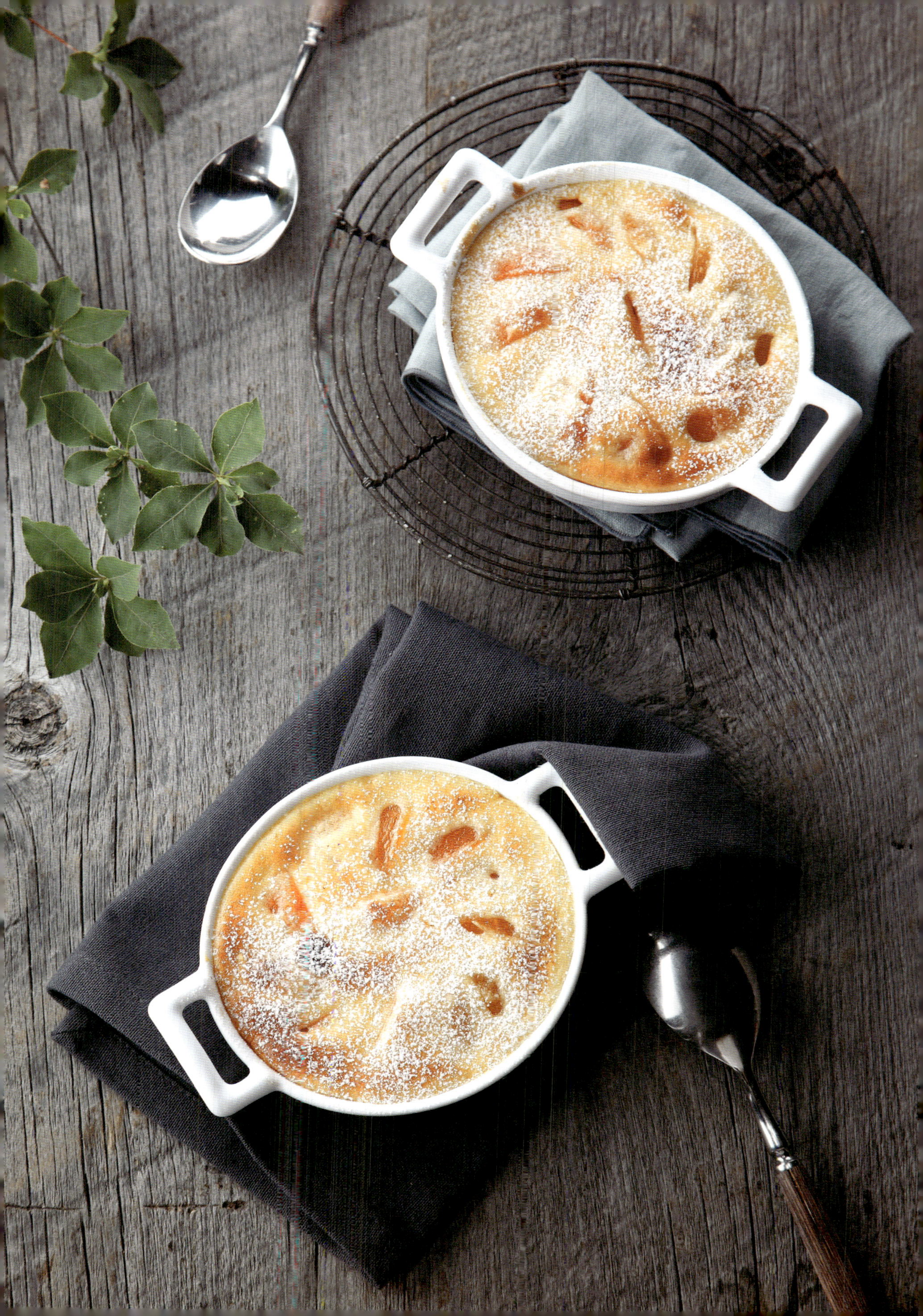

DESSERT

FLAN AUX ABRICOTS
アプリコットのフラン

ふわっといただくソフトなフラン。
甘酸っぱいアプリコットがほどよいアクセント。

材料 — 2人分

アプリコット（缶詰 半分にカットされたもの）	8個
牛乳	160 cc
セモリナ粉	25g
A　溶き卵	1個分
グラニュー糖	35g
アマレット	大さじ1
粉糖	適量

作り方

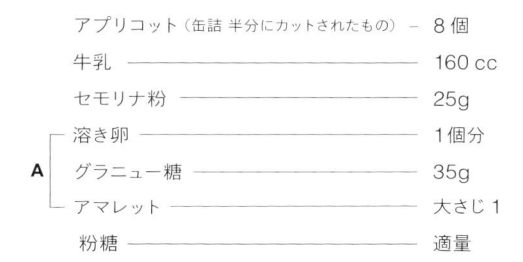

1. アプリコットは余分なシロップをきり、半分に切る。

2. 鍋に牛乳を入れて中火で沸騰させ、セモリナ粉を加えて弱火にし、約3分泡立て器で混ぜ続ける。

3. 2を火からおろしてAを加え、全体がなじむまで混ぜる。

4. 耐熱皿にバター（分量外）を塗り、アプリコットを並べて3を8分目まで注ぎ入れる。180℃のオーブンで約20分、竹串を刺して液体が出なくなるまで焼き、お好みで粉糖をかける。

DESSERT

FIGUES RÔTIES AU MIEL & MENTHE

いちじくのロースト ハニーとミント

いちじくのおいしさを引き出したシンプルなひと皿。

材料 — 2人分

いちじく	4個	はちみつ	大さじ1
バター	20g	ミント	16枚

作り方

1. いちじくは皮付きのまま、上半分だけ4等分になるように包丁で切れ目を入れる。耐熱皿にいちじくを並べ、室温に戻したバターを切れ目に詰める。

2. 1にはちみつをかけ、ミントをちらす。

3. 2を190℃のオーブンで約10分焼く。その間約3分おきに皿を取り出し、皿底のバターやはちみつをスプーンですくっていちじくにかけ、再びオーブンに戻す。いちじくの切れ目が開き、中からいちじくのジュースが出てくるまで加熱する。

BOISSON
ドリンク

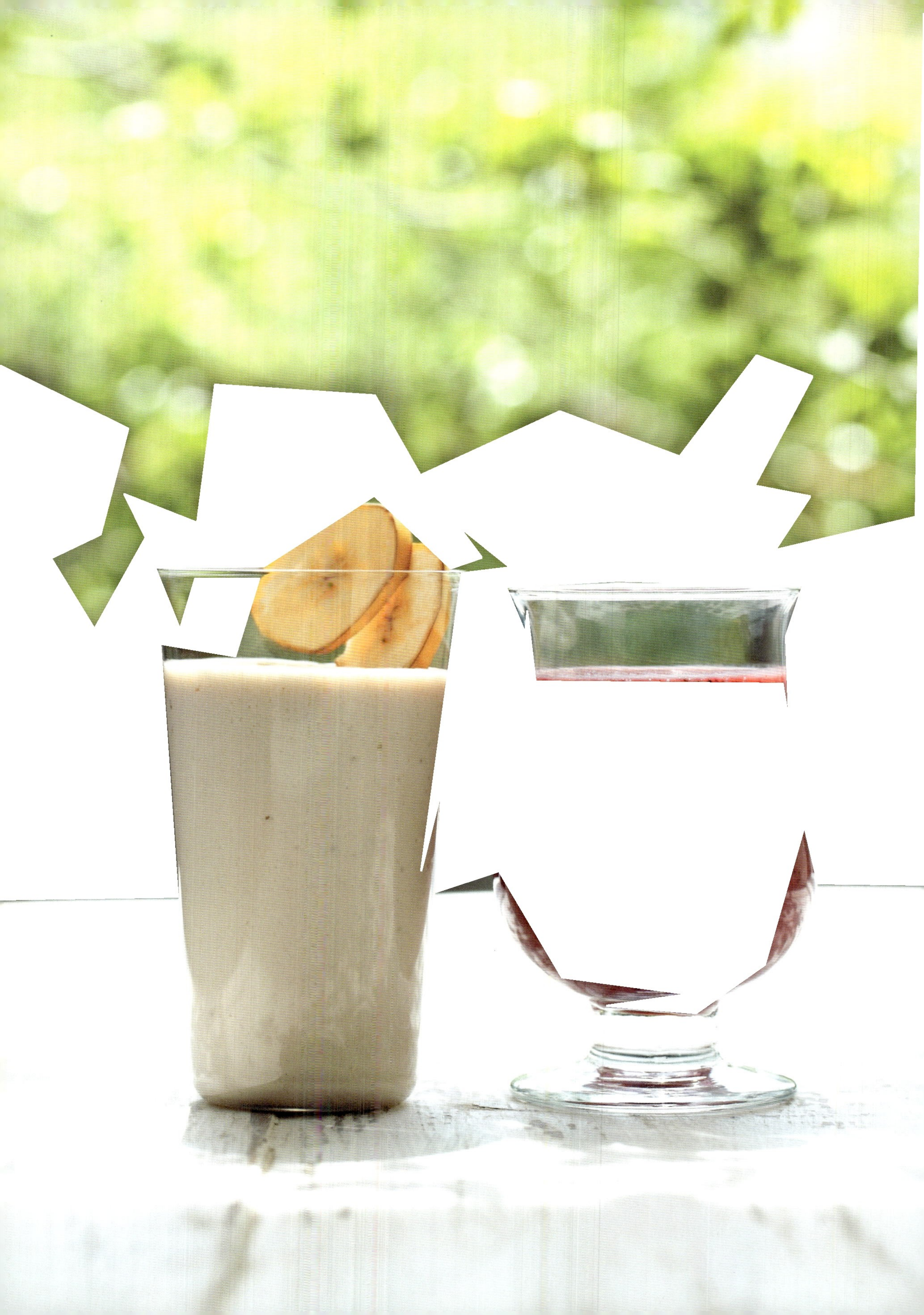

BOISSON

GHT
SMOOTHIE BANANE & AMANDE
バナナとアーモンドのスムージー

香ばしくもまろやかな絶妙の調和が魅力。

材料 — 2人分

バナナ	1本	豆乳	350cc
アーモンド（皮なしのもの スライスでもよい）	30g	クラッシュアイス	100g

作り方

1. バナナは皮をむいて半分に切る。
2. バナナ、アーモンド、豆乳をミキサーに入れ、全体がなめらかになるまで撹拌する。
3. 2にクラッシュアイスを加えて撹拌する。

GHT
SMOOTHIE FRUITS ROUGES
ベリースムージー

3種のベリーがなめらかに交わる香り高い1杯。

材料 — 2人分

いちご	40g	はちみつ	60g	クラッシュアイス	200g
ブルーベリー	40g	豆乳	60g		
ラズベリー	40g	ヨーグルト（無糖）	120g		

作り方

1. いちごはヘタをとって半分に切る。
2. いちご、ブルーベリー、ラズベリー、はちみつ、豆乳、ヨーグルトをミキサーに入れ、全体がなめらかになるまで撹拌する。
3. 2にクラッシュアイスを加えて撹拌する。

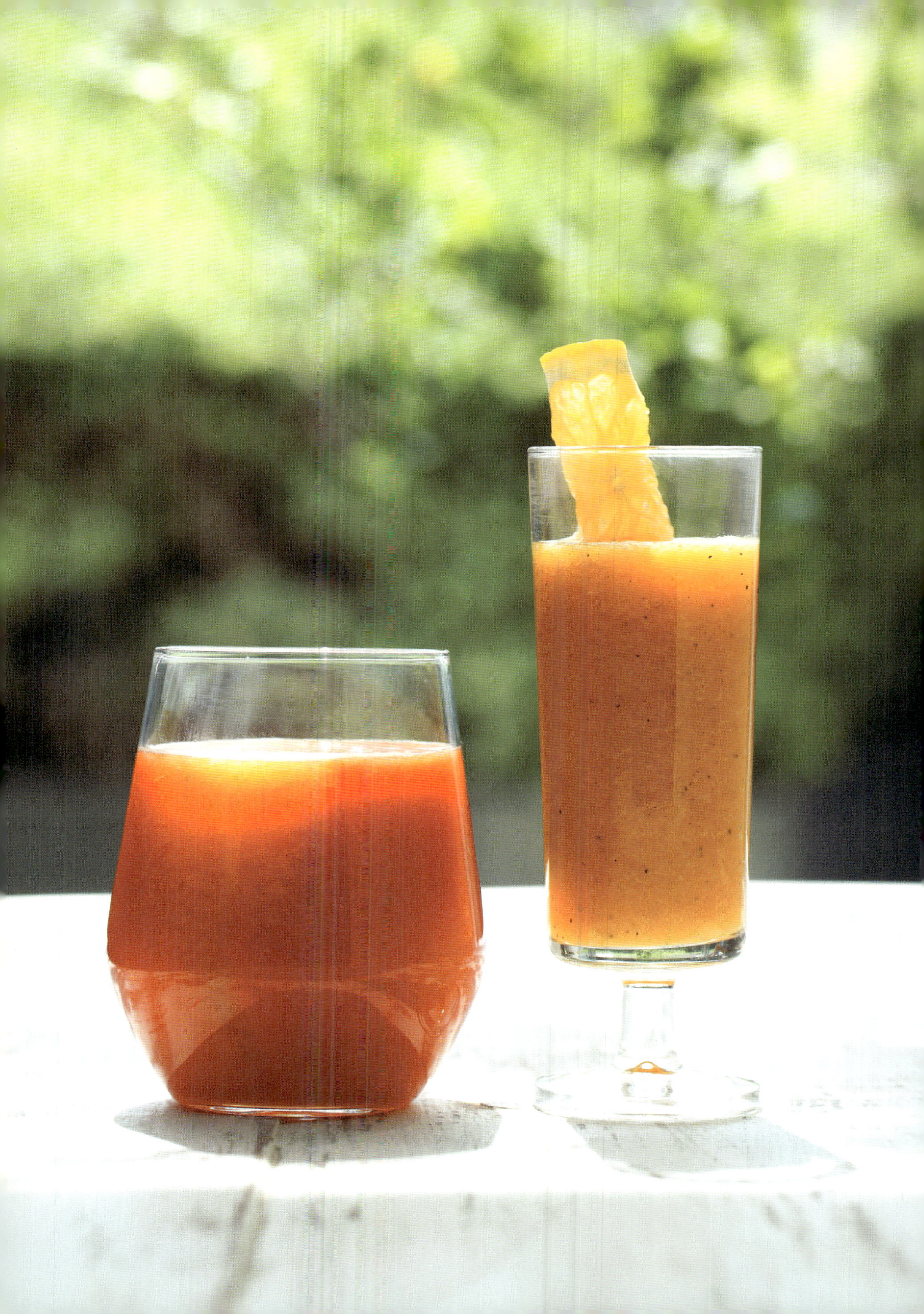

BOISSON

SMOOTHIE MELON & PASTÈQUE
メロンとスイカのスムージー

細やかなアクセント使いで2つの味が引き立つ。

材料 — 2人分

メロン ———— 150g	タバスコ ———— 適量	クラッシュアイス ———— 100g
スイカ ———— 150g	オリーブオイル ———— 小さじ1/2	
しょうが（すりおろし）———— 小さじ1/4	塩 ———— 適量	

作り方

1. メロンとスイカは皮と種を取りのぞき、それぞれ4等分に切る。
2. メロン、しょうが、塩をミキサーに入れ、全体がなめらかになるまで撹拌し、さらにクラッシュアイスの半量を加えて撹拌したら器に移す。
3. スイカ、タバスコ、オリーブオイル、塩をミキサーに入れ、全体がなめらかになるまで撹拌し、残りのクラッシュアイスを加えて撹拌したら別の器に移す。
4. メロンとスイカの器を両手に持ってグラスに同時に注ぎ入れる。

GHT

SMOOTHIE ORANGE & GINGEMBRE
オレンジとジンジャーのスムージー

ジンジャーと黒こしょうが舌に心地よい。

材料 — 2人分

○ジンジャーシロップ（作りやすい量）	クローブ ———— 5粒	オレンジ（果肉）———— 200g
しょうが ———— 100g	粒黒こしょう ———— 5粒	ジンジャーシロップ ———— 60g
砂糖 ———— 150g		黒こしょう ———— 適量
スターアニス ———— 1粒		クラッシュアイス ———— 200g

作り方

1. ジンジャーシロップを作る：しょうがは皮つきのまま厚さ2〜3mmの薄切りにし、砂糖、スターアニス、クローブ、粒黒こしょうと一緒に耐熱の容器に入れ、ラップをして常温で1日置いておく。さらに蒸し器で約3時間蒸し、網でこす。
2. オレンジとジンジャーシロップ（60g）をミキサーに入れ、黒こしょうをふって全体がなめらかになるまで撹拌する。
3. 2にクラッシュアイスを加えて撹拌する。

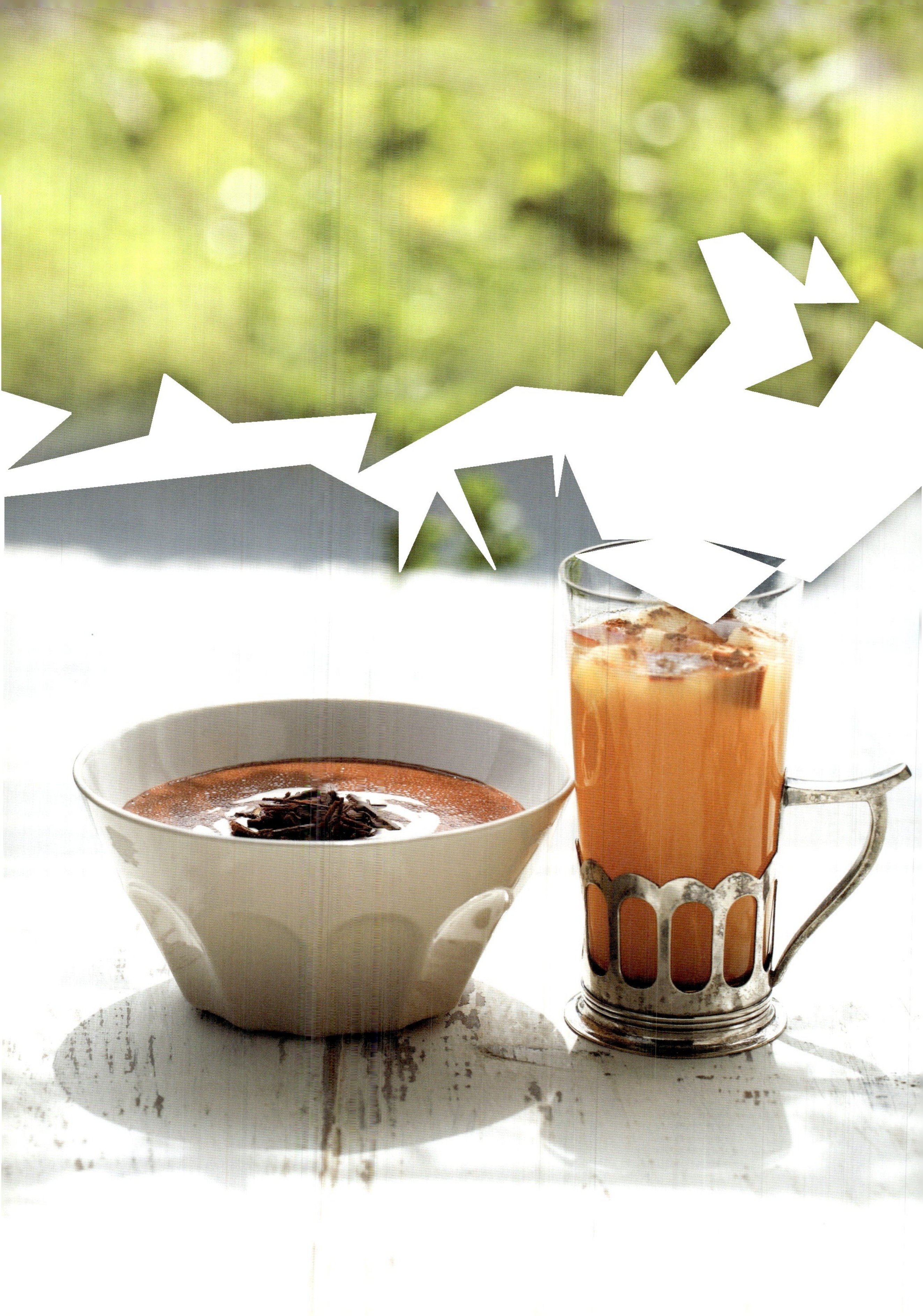

BOISSON

CHOCOLAT CHAUD MAISON
ホームメイドホットチョコレート
計算されたバランスが生み出す端正な味わい。

材料 — 2人分

牛乳	200cc	サワークリーム	100g
チョコレート(カカオ70%)	100g＋適量	生クリーム	適量
はちみつ	20g		

作り方

1. 鍋に牛乳を入れて中火にかけ、沸騰する直前まで温めたら、チョコレート（100g）を加えて溶かす。
2. 1の鍋の火をいったん止めてはちみつとサワークリームを加えて全体がなじむまで混ぜ、再び火にかけて弱火にし、とろみが出るまで温め、器に注ぐ。
3. 泡立てた生クリーム、削ったチョコレートをトッピングする。

JUS DE POMMES CHAUD & CANNELLE
ホットアップルシナモンジュース
ほっと温まるおいしさとりんごの食感を楽しんで。

材料 — 2人分

りんご	1/4個	シナモンパウダー	適量
りんごジュース	300cc	シナモンスティック	適量
はちみつ	20g		

作り方

1. りんごは皮付きのまま約1.5cm角に切る。
2. 鍋にりんごジュースとはちみつを入れて中火にかける。
3. 2が沸騰しない程度に温まったら、りんごとシナモンパウダーを加える。弱火にして約1分煮たら、器に注ぐ。お好みでシナモンスティックを添える。

THE FRENCH KITCHEN
フランス料理

新たなおいしさとの出逢いを

美しい食材にさらなるおいしさへのひと手間をちりばめて
より鮮やかに、豊かな味わいを届けたい。
その情熱を胸に抱きながら、シェフたちはキッチンに立っています。
そのエスプリを、エッセンスを、
あなたのご自宅の、朝の食卓へ。

ときにはじっくりと時間をかけ、ときには素早くタイミングをつかみ
素材の変化と息を合わせて手を加えることで
さらなる味の表情が引き出されていきます。

思わずはっとするほどのおいしさに笑みがこぼれる。
そんなひと皿との出逢いがあることを願って。

GRAND HYATT TOKYO

国際色豊かな六本木に位置するグランド ハイアット 東京は、
映画館やショッピングエリア、オフィスを含む六本木のランドマーク"六本木ヒルズ"の一画にあり、
ライフスタイルの中に求める、あらゆる体験ができる"ライフスタイル デスティネーションホテル"です。
ホテル内にはデザインとクオリティ、そしてサービスにこだわりをもつ10のレストラン・バーを備え、
フレンチやステーキハウス、寿司、中国料理といったさまざまな国の料理を、
最高の食材と熟練のシェフの技で楽しめます。
ダイナミックな空間と多岐にわたる施設が、ドラマチックな時間を創出します。

THE FRENCH KITCHEN
フレンチ キッチン

伝統的なビストロ料理をスタイリッシュにアレンジしたオールデイ ダイニング。
広々としたダイニングエリアを貫くキャットウォークが印象的な店内は朝食からディナー、
パーティーやウエディングまでさまざまな表情でゲストを迎えています。
朝食では約50種類の料理とホームメイドの20種類のパンを好きなだけいただけるブッフェが人気です。
オープンキッチンを活かし、シェフが目の前で作る卵料理をはじめ、
ブッフェでは珍しいフレンチトーストやエッグベネディクト、ワッフルなどは、ひとつずつ注文を受けて作るスタイルです。
また、フランス産のチーズ、シリアルやコールドカット、
ベイクドトマトなどの温かい付け合わせ、フレッシュジュースなども提供。
都会の中にありながら、開放的なテラス席も用意されており、
エンガントな一日の始まりを体感することができます。

直通電話　03-4333-8781
U R L　restaurants.tokyo.grand.hyatt.co.jp
場　　所　東京都港区六本木 6-10-3　グランド ハイアット 東京 2F

監修：ダヴィッド・ブラン
グランド ハイアット 東京 副総料理長

1974年フランス西部ヴェンヌ県ポワティエの農家に生まれる。ポワティエの広大な大自然と新鮮な食材、母のおいしい手料理に囲まれて育ったブランは、環境と機会に恵まれ、ごく自然な流れで料理の道に進むことになった。パリのレストラン「アラン・デュカス」、モナコの「ルイ・キャーンズ」と2つの3ッ星レストランで副料理長を務め、2004年銀座「ベージュ アラン デュカス 東京」でオープンから総料理長に就任。2010年より青山のビストロ「ブノワ」で料理長も務め、15年来グローバルにグループ・アラン・デュカスで重要なポストを歴任し、デュカス氏の教えでもあった食材を慈しむ心を大切にしている。2011年より、「グランド ハイアット 東京」副総料理長 西洋料理担当。

GRAND HYATT TOKYO
とっておきの朝食レシピ

2013年11月4日　第1刷
2013年12月3日　第2刷

著者	グランド ハイアット 東京
監修	ダヴィッド・ブラン
協力	小島直子
デザイン	久能真理
写真	鈴木信吾
スタイリング	津金由紀子
文	河﨑志乃

発行人	山崎浩一
編集	熊谷由香理
発行所	株式会社パルコ　エンタテインメント事業部
	〒150-0042　東京都渋谷区宇田川町 15-1
	TEL.03-3477-5755

印刷・製本　図書印刷株式会社

©2013 GRAND HYATT TOKYO
©2013 PARCO CO.,LTD.

無断転載禁止
ISBN978-4-86506-041-6 C2077
Printed in Japan